辉煌中国70年

中国人口发展70年

70 YEARS OF CHINA'S POPULATION DEVELOPMENT

◎张车伟 李建民／著

Population

中国财经出版传媒集团

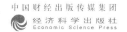

经济科学出版社

Economic Science Press

图书在版编目（CIP）数据

中国人口发展 70 年 / 张车伟，李建民著．—北京：经济科学出版社，2019.9

（辉煌中国 70 年）

ISBN 978 - 7 - 5218 - 1038 - 7

Ⅰ. ①中⋯　Ⅱ. ①张⋯②李⋯　Ⅲ. ①人口 - 历史 - 研究 - 中国 - 1949 - 2019　Ⅳ. ①C924.2

中国版本图书馆 CIP 数据核字（2019）第 220526 号

责任编辑：于海汛
责任校对：靳玉环
技术编辑：李　鹏

中国人口发展 70 年

张车伟　李建民/著

经济科学出版社出版、发行　新华书店经销

社址：北京市海淀区阜成路甲 28 号　邮编：100142

总编部电话：010 - 88191217　发行部电话：010 - 88191540

网址：www. esp. com. cn

电子邮箱：esp@ esp. com. cn

天猫网店：经济科学出版社旗舰店

网址：http://jjkxcbs. tmall. com

北京季蜂印刷有限公司印装

787 × 1092　16 开　14 印张　210000 字

2019 年 10 月第 1 版　2019 年 10 月第 1 次印刷

ISBN 978 - 7 - 5218 - 1038 - 7　定价：56.00 元

总 序

新中国70年经济发展历程和启示

蔡　昉

习近平总书记指出，"无论我们走得多远，都不能忘记来时的路"，"历史是最好的教科书"。回顾和理解中华人民共和国的经济建设和发展的光辉历程、伟大成就和宝贵经验，应该把新中国成立70年、改革开放40年和党的十八大以来三个重要历史时期凸显出来进行考察，弄清楚前后承继创新的有机联系和发展逻辑。

在实现宏伟目标的过程中，通过把握历史发展大势，不断总结经验教训和修正错误，抓住历史变革时机，党领导人民团结奋斗，经过了70年光辉历程，创造了人类历史罕见的发展奇迹，积累了有益的经验并上升为中国智慧，产生了与中国日益提高的国际地位相匹配的世界意义。中国智慧和中国方案不仅对于我们自身进一步前行弥足珍贵，也是对人类社会发展规律探索的中国贡献。

孔子在谈到人的70岁年龄时说：七十而从心所欲，不逾矩。将其用来形容中华人民共和国70年走过的经济发展道路和取得的辉煌成就，可以进行一个引申性的解读，即经过长期的探索我们加深了对一般发展规律的认识，也形成了中国特色社会主义的道路、理论、制度、文化，更坚定树立了"四个自信"。

一、经济发展历程

中华人民共和国成立以来，中国由新民主主义走向社会主义，确立了社会主义基本制度，开创和拓展了中国特色社会主义道路，把社会主义理想在中国大地变为现实，为中华民族实现伟大复兴提供了重要的制度保障。党的十一届三中全会具有深远的转折意义，开启了改革开放和社会主义现代化的伟大征程。党的十八大以来，中国特色社会主义进入新时代，近代以来久经磨难的中华民族迎来了从站起来、富起来到强起来的伟大飞跃，中国特色社会主义迎来了从创立、发展到完善的伟大飞跃。

中华人民共和国成立后，中国共产党领导实施了土地改革，使农业经济摆脱封建土地制度的束缚，近3亿无地少地的农民分到了7亿亩土地和大量的农具、牲畜和房屋等，免除了每年向地主缴纳约350亿千克粮食的地租；完成了对农业、手工业和资本主义工商业三个行业的社会主义改造，奠定了社会主义工业化基础。

在新中国成立后的前30年中取得历史性发展成绩的同时，也犯了急于求成和"左"的错误，使国家发展遭遇了严重的挫折。特别是在经济建设中，忽视客观经济规律的作用，以集中计划代替市场机制，导致在微观层面生产和劳动的激励机制缺失，在宏观层面资源配置效率低下，国民经济结构失衡以及积累与消费比例失调等弊端。特别是在"文化大革命"期间，党的工作重心远离了经济建设。到了"文化大革命"后期，我国的国民经济濒临崩溃的边缘，人民温饱都成问题，国家建设百业待兴。

正视前30年计划经济的体制弊端和经济建设中的错误和挫折，中国共产党勇于拿起手术刀革除自身病症，靠自己解决自身的问题。党的十一届三中全会重新确立了解放思想、实事求是的思想路线，把全党的工作重心转向经济建设，从此中国进入改革开放这个崭新的时期。习近平总书记指出："改革开放是我们党的一次伟大觉醒，正是这个伟大觉醒孕育了我们党从理论到实践的伟大创造。"改革开放就是革除病症，消除一切阻碍提高社会生产力、增强国家综合实力和改善人民生活水平的体制障碍与弊端。

首先，以从计划经济向社会主义市场经济体制转变为取向不断推进经济体制改革。从实行家庭联产承包制、废除人民公社到农村承包地"三权"分置；从提高农产品价格、取消农业税到打赢脱贫攻坚战；从促进乡镇企业发展到实施乡村振兴战略；从对国有企业放权让利、发展非公有制经济、建立现代企业制度，到深化国资国企改革、发展混合所有制经济，坚持"两个毫不动摇"；通过双轨制过渡的方式推动价格形成机制改革，发育产品市场和要素市场，到使市场在资源配置中起决定性作用和更好发挥政府作用。

其次，不断扩大全方位对外开放，日益走近世界舞台中央。从兴办经济特区、沿海、沿边、沿江、沿线和内陆中心城市对外开放，到加入世界贸易组织；从扩大对外商品贸易到引进外商投资；从"引进来"到"走出去"；从以资源比较优势参与全球分工体系，到国内国际联动开放发展；从共建"一带一路"、设立自由贸易试验区，到谋划中国特色自由贸易港；从多边贸易体制的积极参与者、坚定维护者，到经济全球化的积极推动力量和国际经贸规则改革负责任的参与方。

最后，从以经济体制改革为主转向全面深化经济、政治、文化、社会、生态文明体制和党的建设制度改革。特别是党的十八大以来，一系列重大改革扎实推进。按照党的十九大确定的路线图和时间表，在庆祝中华人民共和国成立 70 周年之后，2020 年我们将全面建成小康社会、实现第一个百年奋斗目标，随后就要乘势而上开启全面建设社会主义现代化国家的新征程，向第二个百年奋斗目标进军。可见，中国正处在"两个一百年"奋斗目标相交汇的历史时点上，面对着实现中华民族伟大复兴中国梦的千载难逢机遇。

二、奇迹般的成就

1949 年新中国成立，结束了半殖民地半封建社会的历史，中国人民从此站了起来，从此不断创造伟大的成就。在前 30 年即 1949～1979 年期间取得的成就为改革开放时期的发展奠定了不可低估的物质基础。

首先，结束了旧中国战乱频仍的灾难，国民经济迅速得到恢复和发展，人民开始安居乐业，生活状况得到极大的改变。随着死亡率大幅度下降，人口转变从高出生率、高死亡率和低自然增长率的第一阶段，进入高出生率、低死亡率和高自然增长率的第二阶段，成为改革开放以后向低出生率、低死亡率和低自然增长率转变的一个必经阶段。这一时期，健康事业和教育事业得到大的发展，积累了经济发展必要的人力资本，为改革开放后经济高速增长时期收获人口红利，创造了必要的条件。

其次，提出了中国建设社会主义现代化的宏伟目标。在新中国成立前后和 20 世纪 50 年代，毛泽东主席就多次提出建设现代化问题。例如，1957 年毛泽东在党的八届三中全会上提出，将我国建设成为一个具有现代工业、现代农业和现代科学文化的社会主义国家。后来他在现代化内容中又加上了现代国防。根据毛泽东建议，周恩来总理分别在 1964 年第三届全国人民代表大会第一次会议和 1975 年第四届全国人民代表大会第一次会议上正式提出了"四个现代化"（1975 年表述）："全面实现农业、工业、国防和科学技术的现代化。"

第三，建立起独立的比较完整的工业体系和国民经济体系。虽然新中国成立之前已经存在一定比重的工业经济，但真正意义上的工业化是从第一个五年计划时期开始的，并取得了明显的成效。1953 年，全国 83.1% 的劳动力从事农业生产，工业就业比重仅占 8.0%，工业增加值占国内生产总值（GDP）比重仅为 17.6%。"一五"期间，工业总产值实际增长了 81.0%，工业增加值占 GDP 比重在"一五"结束时增加到 23.2%，提高了 5.6 个百分点。直到改革开放前，我国工业化水平不断提高，工业增加值占 GDP 比重在 1978 年达到 44.1%。

最后，结束了长期以来经济停滞落后的状况，实现了较快的经济增长。自鸦片战争以后，中国 GDP 增长率长期处于徘徊不前的状态，经济总量占世界的比重和人均 GDP 与世界平均水平的比率都一路下降。到中华人民共和国成立之前这两个指标都降到了谷底。根据国际数据进行比较，1913~1950 年期间，GDP 年均增长率的世界平均水平为 1.82%，而中国为 -0.02%，也就是说中国经济增长处于停滞状态。由于人口的较快增长，这期间中国的人均 GDP 反而大幅度下降了 20.5%。

新中国经济建设开始以后，这种状况得到根本的改变。1952~1978 年期间，中国 GDP 的年均实际增长率为 4.4%，略快于当时被定义为高收入国家的增长速度（4.3%），但是，仍然低于世界平均水平（4.6%）。正是在这个时期，世界上很多国家和地区，特别是日本和亚洲"四小龙"迅速发展，实现了对发达国家的赶超。也就是说，这个时期中国经济和人民生活水平，从纵向比较来看发生了天翻地覆的变化；然而，如果进行横向的比较，仍然落后于世界的发展。

实行高度集中的计划经济体制，造成了劳动和生产积极性不足、资源配置效率低下、经济结构失调等诸多弊端。特别是一系列政治运动干扰了经济建设的正常进行，使得在新中国成立后的前30年里中国经济落后于世界的发展潮流，未能实现对发达国家的赶超，仍然是一个贫穷落后的国家。这一时期的"大跃进"和"文化大革命"对国民经济造成巨大的损害，最终使这一时期人民生活水平的改善甚微。到改革开放前夜的1978年，全国农村有约2.5亿人口未能解决温饱问题，人均年收入不到100元。按照世界银行确定的标准，按照不变价购买力计算，每人每天收入低于1.9美元就意味着处于绝对贫困状态。据此，1981年中国有高达8.8亿绝对贫困人口。

从1978年开始，经济体制改革率先从农村起步，通过调动劳动和生产的积极性显著增加了农产品产量和农民收入，降低了贫困发生率；随后改革推进到城市部门，通过价格改革和发育市场、搞活国有企业和发展非公有制经济，加快了经济增长速度；与此同时，对外开放以多种方式渐进地得到推进。上述改革开放措施，针对了计划经济体制弊端，从改善微观激励机制入手，进而赋予企业和农户自主配置生产要素的权利，在不断消除阻碍资金、劳动力等生产要素流动的体制障碍的条件下，资源重新配置带来效率的改进，也通过引进外资、发展外向型经济和扩大贸易，把资源比较优势转化为国际竞争力。

1978～2018年期间，中国的GDP年平均实际增长率高达9.4%，是同期世界上最快的增长速度。而在世界经济发展的其他历史时期，也未见在如此长的时间里以如此快的速度增长的先例。史无前例的高速增长，使中国的经济发展水平在40年中实现了奇迹般的赶超。根据世界银行数据，从人均GDP来看，1978年中国属于典型的低收入国家。随着改革时期高速增长的持续，中国于1993年跨入中等偏下收入国家行列，继而在2009年跨入中等偏上收入国家行列，并同时在经济总量上超过日本成为世界第二大经济体。2018年，中国现价人均GDP达到9771美元，距离高收入国家的门槛已经近在咫尺。

更为世人所瞩目的是中国减贫事业取得的成就。1981年生活在世界银行绝对贫困标准（按 2011 年购买力平价计算每天低于 1.91 美元）以下的全球人口共 18.9 亿人，其中中国贫困人口高达 8.8 亿人，占世界贫困人口的 46.4%。2015 年，全球贫困人口减少到 7.5 亿人，中国则只剩下 960 万人，仅占全球贫困人口的 1.3%。这期间，中国对世界减贫的直接贡献高达 76.2%。实际上，2015 年之后中国按照高于世界银行的标准继续实施农村脱贫攻坚战略，2018 年末，全国农村贫困人口仅剩 1660 万人，贫困发生率为 1.7%。

在新中国成立以来的 70 年中，中国社会生产力的提高、综合国力的增强和人民生活水平的改善，都显现出历史性跨越的特点，创造了人类发展历史上罕见的奇迹。英国古典经济学的先驱大卫·休谟在 1742 年的一篇文章中曾经预言，当艺术和科学的发展在一个国家达到至真至善之后，将不可避免地走向衰微，此后艺术和科学极少有可能甚至永远不会在同一国家得到复兴。

历史上，中华文明曾经达到过辉煌的高峰，科学技术也长期在世界上居于领先地位，然而，在西方国家纷纷跟进工业革命，加快科技和经济发展的同时，近代以来的中国发展却大大落后了。直到新中国成立以后特别是改革开放以来，中国的经济、社会和科技发展才再创辉煌。迄今为止中国在各个领域赶超与发展所创造的奇迹，已经打破了这个"休谟预言"，并且将继续打破这个预言。

三、弥足珍贵的经验

新中国发展和建设的探索历程、改革开放时期取得的经济奇迹，特别是党的十八大以来在"五位一体""四个全面"全面创造的新辉煌，表现出的是一幅波澜壮阔、气势磅礴的历史画卷。这里仅选择有限角度和一些侧面进行概括，从中观察这个过程所体现的中国智慧和中国方案。

第一，从国情出发进行建设和推进改革开放。中国以建立社会主义市场经济体制为改革取向，是根据自身国情进行的选择，而不是照抄照搬任何先验的发展模式。虽然改革开放也意味着学习和借鉴国际上先进的技术、管理和发展经验，我们在过去的改革开放过程中也的确从各种有益的国际发展经验中得到启发、获得助益，然而，我们从未原封不动地照抄照搬他国的模式和路径,而是服从于发展生产力、提高综合国力和改善民生的根本目的,坚持了渐进式改革方式,秉持了改革促进发展、发展维护稳定、边改革边分享的理念,因而走出了一条符合自身国情的独特改革开放发展分享之路。

第二,发展经济必须形成适用的体制机制,调动各方面的积极性。针对传统经济体制的弊端,改革首先从建立有效的激励机制出发,取得“点石成金”的效果。实行农村家庭联产承包制、价格形成机制改革、鼓励和发展非公有制经济、打破国有企业“大锅饭”、调整中央和地方财政事权和支出责任关系等一系列改革措施,都着眼于改善激励机制,从而立竿见影地取得了调动劳动积极性、增强经营活力、加快经济增长的效果,同时也使改革获得了最广泛的共识,得到社会各方面的拥护、支持和积极参与。

第三,坚持建立社会主义市场经济体制的改革方向。矫正计划经济体制下的资源配置低效率问题,围绕建立和完善产品市场和生产要素市场进行改革,不断消除妨碍资金、劳动力、土地和其他资源要素有效配置的体制障碍,促进了生产要素的积累、流动和重新配置,在使其得到有效利用的同时,提高了劳动生产率。

第四,坚持改革开放发展同步推进,国内经济发展与参与国际分工联动。中国的经济改革与对外开放是同时发生的。始于1979年建立经济特区,先后经历了沿海城市开放到全面开放过程;于1986年提出恢复关贸总协定缔约国地位的申请,到2001年加入世界贸易组织。贸易扩大、引进外资和沿海地区外向型经济发展,为转移劳动力提供了大量就业机会,引导产业结构转向符合资源比较优势,也为制造业产品赢得了国际竞争力。2018年,中国引进的外商直接投资净流入额占到全球的19.0%,出口货物和服务总额占世界的10.6%。

第五,坚持在发展中保障和改善民生,实现共享发展。世界发展经验和教训表明,经济增长、技术变迁和经济全球化,总体上无疑都具有做大“蛋糕”的作用,却并不能自动产生分好“蛋糕”的效果,即不存在所谓收入分配的“涓流效应”。中国经验表明,只有坚持以人民为中心的发展思想,通过体制机制建设和政策体系安排,才能解决好这个做大“蛋糕”和分好“蛋糕”的两难。

四、关于这套系列丛书

这里呈现给读者的"辉煌中国70年"书系共包括八部专著，分别从中国经济的整体、中国财政、中国金融、中国对外经济贸易、中国工业发展、中国农村发展、中国社会保障和中国人口发展等领域，回顾经济发展历程，展示改革开放辉煌成就，提炼世界意义和经验启示。每部著作力图以史实为基础，对中国70年经济建设和社会发展做出简明且全面的梳理，以编年史的手法将我国经济发展的历史经验讲清楚、讲透彻，并对未来做出展望。在习近平新时代中国特色社会主义经济思想的指导下，本丛书力争在总结中国经济发展智慧、提出解决人类发展问题的中国方案方面，从学术角度做出贡献。

本丛书所选择的八个方面，尚不能充分反映新中国经济发展70年的全貌。虽然作者和编者团队分别认真写作和编辑，付出了努力，但是，囿于我们的学识和能力，不足和遗漏之处也在所难免，敬请读者提出宝贵意见和建议。同时作者和编者也愿意承担必要的责任。

在丛书即将付梓之际，还有一些感谢的话要说。

丛书从2017年底开始策划到最终出版，历时近两年时间。期间召开了多次讨论会，就丛书的写作方式、内容安排做出了统一部署。丛书写作过程中，各位作者付出了大量的时间和心力，最终将这套丛书呈现在读者面前。

丛书的选题与出版得到了相关部门的关注与肯定。2018年7月，丛书被国家新闻出版总署列入"十三五"国家重点出版物出版规划项目；2019年，丛书入选中宣部2019年主题出版重点出版物项目。这些荣誉，既是对丛书选题和作者的肯定，也是对我们的鞭策与鼓励，让我们不敢懈怠。

丛书出版得到了中国财经出版传媒集团和经济科学出版社的大力支持。他们以出版人独到的眼光和敏锐的视角捕捉到了这一有意义的选题并以强大的执行力付诸实施，保证了丛书得以高质高效地展现给读者。

最后，当然还要感谢我们的读者，你们的关注和阅读一直是我们前进的动力。

2019年8月

前　言

　　本书是"辉煌中国70年"书系中的一本。人口一直是影响中国社会经济发展的基础性因素，人口发展既是社会经济发展的结果，又是社会经济发展的重要条件。本书呈现了1949年以来中国人口各个方面的发展和变化状况及特点，分析了人口发展对经济发展和社会发展的影响；对未来30年中国人口发展与变化趋势进行了展望，预测了新中国一百年时的人口情景，分析了人口与发展关系的新格局。

　　在中华人民共和国70年历史中，各个发展领域都取得了辉煌的成就，人口发展及其带来的影响尤其引人注目。新中国成立以来的70年中，中国人口在各个方面都发生了巨大变化。其中，影响最大、最为深远的变化是人口转变。在新中国成立后的前43年，经历了一场具有中国特色的人口转变，实现了人口再生产的现代化，即"低出生率、低死亡率、低增长率"人口再生产类型。人口转变是由两个转变过程构成，在发生的时间顺序上，首先发生的是死亡率转变，之后发生的是生育率转变。

　　中国是世界上死亡率转变最为迅速的国家之一，也是世界上健康水平最高的发展中国家之一，人口的平均预期寿命从40岁提高到70岁仅仅用了46年，并且是在经济欠发达的条件下实现的，这使中国成为世界上死亡率转变的典范。进入21世纪以后，中国人口健康水平又跨上一个新的台阶，2015年平均预期寿命达到了76.34岁。人口健康水平走在发展中国家前列，与发达国家之间的差距不断缩小，中国彻底摘掉了"东亚病夫"的帽子，再也不是原来那个积贫积弱的国度。人口健康水平的全面提升，提高了人民的福祉，为社会经济发展注入了强大活力。

　　中国的生育率转变是世界上最引人瞩目的一场人口革命。作为世界第一人口大国和最大的发展中国家，中国仅用了22年就完成了生育率的转变。在

1992 年以来的后人口转变阶段，中国的生育率水平一直处于更替水平以下，总和生育率长期处在 1.6 左右的低水平上。中国已经成为世界上低生育率国家之一，而且是少数几个处于低生育水平的发展中国家之一。相对于社会经济发展水平而言，中国的生育率转变是提前启动的，启动引擎的钥匙是计划生育政策。在世界第一人口大国全面实行计划生育，是一场宏大的政策实践，也是一场深刻的社会变革，对国家、社会、家庭和个人的影响都至深、至广、至远。对于计划生育政策得失的评价需要从历史的、客观的、科学的、长期的角度展开。

人口的迅速转变不仅减缓了人口增长速度，同时带来了一个世界上最低的人口抚养比。人口增长压力的减轻和人口红利期的到来与改革开放在时间上高度契合，使中国赢得了一个历史性的发展机遇。经过 40 年的努力奋斗，中国成功地摆脱"低水平均衡"陷阱，破除了"马尔萨斯魔咒"，把世界第一人口大国从一个贫穷的国家一举发展成为上中等收入国家，这无疑是人类经济发展史上的一个奇迹。

在过去的 40 年中，中国人口在其他方面也获得了迅速发展。首先，人口受教育水平取得了巨大进步，人口的平均受教育程度已经超过了世界平均水平，学龄儿童的平均预期受教育年限已经非常接近发达国家水平，实现了从人力资源大国向人力资本大国的转变，为走向人力资本强国奠定了基础。其次，城镇化快速发展，人口城乡分布格局发生了转变，城镇化水平已达到了 60%，超过了世界平均水平。在中国，城镇化具有更为丰富、更为深刻的社会含义，它不仅仅是工业化的伴生物，不仅仅是人口分布的变化，也不仅仅是人们生活方式的转变，它实际上更是一场深刻的社会变革。最后，20 世纪 90 年代以来，中国出现了一个翻倍增长的流动人口大军，他们从农村涌向城市，从农业部门涌向非农业部门，把剩余劳动力转化为中国经济增长的一个重要比较优势，为经济增长做出贡献的同时，也增加了自己的收入，提高了个人和家庭成员的生活水平。这个发展过程的社会意义是使数亿农村人口摆脱了贫困，同时也推动了中国户籍制度和其他民生制度的改革。

人口发展不仅仅是社会发展的结果，而且还是推动社会发展的重要力量。健康、教育、平等、减少贫困等是社会发展的核心内容，中国人口发展在这些方面不仅体现了社会发展的成果，同时也成为推动这些领域发展的重要力量。联合国计划开发署编制的人类发展指数既可以衡量人口的发展水平，同时也可以反映出人口与社会发展的关系。1990 年，中国还是属于低人类发展类别的国家，人类发展水平明显低于世界平均水平和发展中国家平均水平。2017 年，中国已成为高人类发展类别的国家，人类发展指数值高出世界平均水平和发展中国家平均水平。中国人类发展之所以获得如此大的进步，除了经济发展以外，人口健康水平和受教育水平的提高、女性发展和社会性别平等、减少贫困等，都做出了重要贡献。中国的社会发展在各个领域全面展开，稳定、繁荣和进步已成为中国社会发展的标志。

目前，除了人口城镇化进程尚未结束，中国人口发展在其他方面都已基本上实现了现代化。作为世界第一人口大国，在短短数十年时间中取得如此成就，堪称世界人口发展史上的一个奇迹。作为世界上最大的发展中国家，中国不仅彻底摆脱了贫困，而且成功地发展成为上中等收入国家，其中人口发展的影响举足轻重；未来 30 年，中国将发展成为现代化强国，其中人口发展的影响也将同样举足轻重。

在未来的 30 年中，中国人口一些新的变化将会出现：第一，人口规模将在 21 世纪 20 年代末或 30 年代初转为负增长，如果生育率继续下跌的话，人口负增长可能提前到 2025 年出现；第二，人口老龄化加速发展，老年人口加速增长；第三，少子化严重，少儿人口将大幅度减少；第四，劳动年龄人口将继续减少，而且年龄结构不断老化；第五，人口抚养比加速提高，并转变为以老年人口负担为主；第六，人口健康状况进一步改善，人口平均预期寿命可望达到 84 岁；第七，人口和劳动力素质进一步提高，15 岁及以上人口平均受教育年限可以达到 13 年以上，中国将发展成为人力资本强国；第八，将完成人口城镇化进程，城镇人口比重将提高到 80%。

新中国一百年时的人口，将是一个以城镇人口为主体的、高素质的和高度老龄化的人口。

未来 30 年，中国将为实现现代化强国的战略目标而奋斗，人口发展也将进入一个新的历史阶段，新的人口与发展关系格局正在形成。首先是人口与发展关系基本形态的改变。中国人口与发展关系的形态曾经是"低水平均衡陷阱",现在人口增长压力已经彻底消除,人口老龄化压力与日俱增,因此,"未富先老"成为中国人口与发展关系的新形态。其次是人口与发展关系中主要矛盾的转换,在"未富先老"的基本关系形态中,人口与发展关系的主要矛盾不再是人口增长与经济发展之间的失衡,而是劳动力素质与经济发展之间的失衡。最后是人口与发展关系空间结构的变化。在改革开放之前,中国的经济增长基本上是在两个独立的空间中开展的,形成了一种固化且分隔的二元经济结构和二元社会结构。改革开放之后,二元分隔的局面被打破,人口与发展关系的空间结构发生了第一次改变。未来30年,中国将迎来人口与发展关系空间结构的第二次转变,即以城镇化为基础的城乡一体化发展。

在人口与发展关系的新格局下,能否破除"未富先老"对经济发展的制约,直接关系到中国经济能否成功跨越"中等收入陷阱",直接关系到能否实现成为现代化强国的目标。我们有理由乐观,因为在过去5年中,以互联网技术为支撑的新经济形态的兴起,为中国经济提供了一个有效应对"未富先老"局面的发展路径。我们更有理由乐观,因为在未来10年中,人工智能技术将会形成巨大的生产力,它将成为推动中国从全面小康走向富裕的关键力量。

人力资本是技术进步的创造者、传播者和使用者,以创新和技术进步为主要动力的经济发展将会对人力资本产生巨大需求,因此人力资本发展战略至关重要。唯有如此,才能使中国的经济社会发展实现再次飞跃,才能使人民过上富裕、幸福的生活,才能使中华民族以更加昂扬的姿态屹立于世界民族之林。

本书内容分为五个部分:第一部分包括第一章、第二章和第三章,分析了中国人口转变过程、特点、后果及影响;第二部分是第四章,分析了中国计划生育政策及制度安排的演变过程,并对计划生育政策的意义和影响进行了评价;第三部分包括第五章、第六章和第七章,分别分析了人口素质、人口老龄化、人口城镇化和人口流动的发展过程及其社会经济影响;第四部分包括第八章和第九章,分析了人口发展对经济发展和社会发展的影响;第五部分是第十章,呈现了2020年至2050年中国人口发展与变化趋势，分析了这期间中国人口变化的几个趋势性转折和人口与发展关系的重要转变。

人口发展与变化犹如一条长河，今天的人口状态是过去人口发展与变化的结果，也是未来人口发展与变化的起点。同时，人口发展与变化是发生在特定的历史背景和社会环境中。因此，对于人口发展与变化的认识需要从历史角度观察。人口是一个国家和民族存在的基础，人口发展与变化的影响具有广泛性、连锁性和长期性，因此，对人口与发展关系的认识需要宽广的视野。本书力图从这样的视角和视野，认识中华人民共和国 70 年历史上的人口发展与变化的历史逻辑及其社会经济意义。

张车伟　李建民

2019 年 8 月

目　录
CONTENTS

第一章

人口增长模式的转变

在人类社会现代化进程中，人口增长模式发生了从传统型人口再生产转变为现代型人口再生产，这个转变过程被称为人口转变。在这个过程中，人口增长模式从"高出生率、高死亡率、低自然增长率"，经过"高出生率、低死亡率、高自然增长率"的过渡阶段，然后进入"低出生率、低死亡率、低自然增长率"状态。1949 年中华人民共和国成立之后，人口增长模式也经历了这个转变过程。

第一节 传统增长模式下的中国人口

中国是人类文明的发祥地之一，早在公元前 5000 多年的原始社会初期，华夏大地上的人口规模就已经接近 500 万。在长达几千年的封建社会，无数次的战争、灾荒和瘟疫使人口一次次地锐减，而一旦得到休养生息，人口就会出现复兴和增长。在中国古代历史上，人口呈现出大起大落的波浪式缓慢增长（见图 1 - 1）。

根据人口史学家的研究和估计，公元二年我国的人口规模约为 6300 万人。在 12 世纪初的宋朝，人口规模首次超过了 1 亿人，到 1630 年（明崇祯三年）已接近 2 亿人。清朝是中国历史上人口增长最为迅速的时期，1679 年（康熙十八年）为 1.6 亿人，1751 年（乾隆十六年）为 2.1 亿人，

人口数量（亿人）

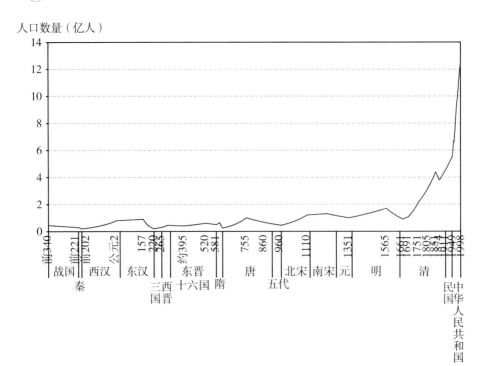

图 1-1　中国人口增长的历史轨迹

资料来源：根据《中国人口通史》（路遇、腾泽之，山东人民出版社 1999 年版）和《中国人口统计年鉴（2001）》中的资料绘制。转引自黄光宇：《生态城市研究回顾与展望》，载于《城市发展研究》2004 年第 6 期。

1805 年（嘉庆十年）为 3.3 亿人，1851 年（咸丰元年）达到了 4.3 亿人。1910 年（清宣统二年），清政府进行了中国历史上的首次人口调查，人口规模为 4.4 亿人。在民国时期，虽然经历了军阀混战和抗日战争，但是人口仍然延续了增长的势头，1945 年增加到 5.1 亿，中华人民共和国成立时我国人口为 5.42 亿人。

在中国历史上，死亡率的变化一直主宰着人口增长的变化。战乱、饥荒、瘟疫等曾一次次导致人口大批死亡，即使在正常年代，由于粮食供给能力有限和疾病控制能力很弱，死亡率也保持在很高的水平上。20 世纪 20～40 年代的一些调查和统计结果表明，中国人口的死亡率仍然保持在比较高的水平上，婴儿死亡率[①]高达 200‰，平均预期寿命[②]只有 35 岁左右。

---

① 婴儿死亡率指一定时期内（通常为一年）未满周岁的婴儿死亡总数与活产婴儿总数之比，一般用千分率表示。

② 平均预期寿命指 0 岁（即出生时）的平均预期寿命，表示一批人出生后平均一生可活的年数。

在进入现代社会之前，维持高生育率是人类抗衡死亡力量的最重要的手段。中国传统农业社会的生产方式、家庭制度、婚姻制度和社会文化都是鼓励早婚、早育和多育。旧中国的妇女在 20 岁以前出嫁的占到全部结婚人数的比例接近 60%。有关调查显示，在 20 世纪 30 年代的乡村，有将近 45% 的男性和 70% 的女性初婚年龄是在 15~19 岁之间。根据 1982 年中国第三次人口普查对 15~64 岁妇女关于已生育子女数的回顾性调查，其中 50 岁（1918~1932 年期间出生）以上的三个年龄组妇女平均生育子女数分别是：50~54 岁组为 5.68 个，55~59 岁组为 5.54 个，60~64 岁组为 5.27 个。国家计划生育委员会 1982 年 9 月在全国 28 个省、自治区、直辖市进行的千分之一人口生育率抽样调查的结果表明，50 岁、55 岁、60 岁、67 岁妇女终身生育率[①]分别为 5.62 个、5.65 个、5.42 个和 5.15 个。这些调查结果表明，传统社会的妇女平均每人在一生中至少生育 5 个孩子。

在过去长达 5000 多年的中华文明史上，人口一直延续着"高出生率、高死亡率、低自然增长率"的增长模式。在公元 2 年到 1949 年的 1947 年期间，平均每年人口增长率为 0.11%。虽然这是一个很低的增长率，但因幅员辽阔和历史悠久，使中国发展成为人口大国。根据英国的经济史学家安格斯·麦迪森（Angus Maddison，2001）估计，16 世纪中叶中国人口规模首次超过印度，到 18 世纪最终稳住世界第一人口大国的地位。根据联合国的估计（United Nations，2019），1950 年中国人口为 5.46 亿，相当于欧洲总人口规模，将近占亚洲总人口的四成，超过世界总人口的五分之一。

作为一个泱泱大国，中国的人口都是依靠本国生产的粮食供养，从来没有因人口增长的压力向境外扩张，从来没有构成对外部世界的威胁。在人类的历史上，人口增长曾是农耕经济发达、食物供给稳定、社会安定的标志。从这个意义上讲，中国成为世界第一人口大国，本身就是人类社会文明和进步的历史遗产，映射着中国文明的历史辉煌。

第二节　人口增长模式的转变

根据人口转变理论，人口转变分为两个阶段，第一个是人口加速增长

---

① 终身生育率指同一年龄（组）妇女平均每个人一生中实际生育的孩子数。

阶段，因死亡率出现大幅度下降，出生率仍保持在高水平上，进而带来了人口的迅速增长；第二个是人口减速增长阶段，因出生率下降导致了人口自然增长率下降。中华人民共和国成立之后，经历了一场具有中国特色的人口转变（见图1-2和图1-3），不仅是世界上人口转变最为迅速的国家之一，也是少数几个实现了"低出生率、低死亡率、低增长率"人口再生产类型的发展中国家之一。

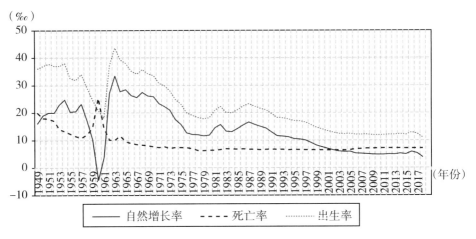

图1-2 中国人口自然增长的变化（1949～2018年）

资料来源：国家统计局国家数据库。

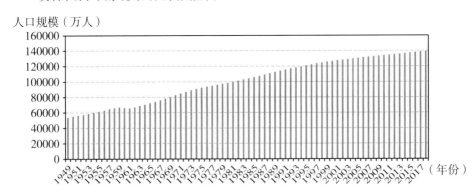

图1-3 中国人口增长变化趋势（1949～2018年）

资料来源：国家统计局国家数据库。

一、人口迅速增长阶段（20世纪50年代和60年代）

中华人民共和国成立后，生活安定和医疗卫生条件改善使得死亡率迅速下降，而出生率在原有的高水平上甚至还出现了进一步提高，使中国人口进入了"高出生率、低死亡率、高自然增长率"的过渡模式，开启了中国历史上人口增长最为迅速的时代。20世纪50年代出现了中华人民共和国历史上第一次人口增长高峰，除了1958年和1959年，人口自然增长率①都保持在20‰以上，人口增加了1.3亿，平均每年人口净增1300多万人。但这个增长势头在1959～1961年期间中断，严重的饥荒导致了死亡率剧增和出生率下降，人口增长率大幅下降。根据国家统计局国家数据库公布的数据，在饥荒最严重的1961年，死亡率飙升到了25.43‰，出生率下降到20.86‰，人口自然增长率为－4.57‰，人口减少了438万。这是中华人民共和国历史上记录到的最高死亡率和首次人口负增长。这三年期间死亡人数比前三年的死亡人数多出1547万。但是，这个特殊的历史事件并没有终止中国人口快速增长的步伐，从1962年开始，死亡率回归到下降的轨道，而出生率则出现补偿性的大幅度回升，1963年达到了43‰，出生人数将近3000万，创出中华人民共和国历史上的最高纪录。1962～1969年期间出现了第二轮人口高增长，人口自然增长率都保持在25‰以上，平均每年出生人口2600万以上，净增人口1900万以上。经过50年代和60年代的两轮增长高峰，1969年末全国总人口达到8.07亿人，比1949年增加了2.65亿人。这两轮增长高峰给中国人口带来的巨大而持续的影响至今没有结束，并将延续到未来。

二、人口增长减速阶段（20世纪70年代）

20世纪70年代，中国人口的死亡率在经历了50年代和60年代的迅速下降以后，进入了一个平稳下降时期，而生育率则开始迅速转变。这标志着中国人口进入了人口增长过渡模式的第二个阶段，生育率下降成为主导人口增长变化趋势的关键因素。1970年人口自然增长率为25.95‰，而后随着出生率从33.59‰下降到1979年的17.82‰，自然增长率大幅度下降到1979年11.61‰，人口增量也从70年代初的2200万以上减少到不足1300万。在整个70年代，人口规模增加了1.69亿，1979年达到了9.75亿。

---

① 人口自然增长率指在一定时期内（通常为一年）人口自然增加数（出生人数减死亡人数）与该时期平均人数（或期中人数）之比，用千分率表示。

三、人口波动增长阶段（20 世纪 80 年代）

20 世纪 80 年代，中国人口增长出现了波动。由于生育率下降的停滞和 50 年代、60 年代两次出生高峰期出生的人口进入婚育年龄等因素，导致了人口增长率的回升。人口自然增长率从 1979 的 11.61‰回升到 1987 年的 16.61‰，之后再次出现下降，1989 年降到 15.04‰。1980～1989 年期间，出生率基本上都保持在 20‰以上，1987 年曾达到 23.33‰，出生人口从 1786 万增加到 2400 万以上，形成了第三次出生高峰。人口增量从 1980 年的 1163 万增加到 1987 年的 1793 万，其后两年也保持在 1700 万左右的规模。与前两次人口增长高峰所不同的是，这次人口增长高峰形成的最主要原因是人口周期性变化，是第一次和第二次出生高峰人口集中进入婚育期的结果。

四、人口低增长阶段（20 世纪 90 年代以来）

进入 20 世纪 90 年代以后，生育率结束了 80 年代的波动和徘徊局面，出现了新一轮的下降。与 1989 年相比，1999 年的出生率降低了 6.94 个千分点，出生人口减少了 600 多万。另外，尽管人口的健康状况不断改善，平均预期寿命不断延长，但由于老龄化的影响，人口死亡率稳定在 6.46‰~6.70‰的范围内。在人口增长决定因素的这种变化格局下，人口自然增长率重现下降趋势，1999 年自然增长率为 8.18‰，比 1989 年降低了 6.86 个千分点，人口增量减少了 650 多万。

20 世纪 90 年代是中国人口发展史上的一个重要年代，出现了三个具有标志性意义的人口事件：其一是 1992 年育龄妇女总和生育率降到了更替水平以下；其二是 1996 年全国人口出生时平均预期寿命超过了 70 岁；其三是 1998 年人口自然增长率降到了 10‰以下。这三个人口事件标志着中国人口转变的完成，人口增长进入"低出生率、低死亡率、低自然增长率"阶段，人口增长的动力机制转变为惯性增长。[①]

进入 21 世纪之后，中国人口增长又出现了新的变化，老龄化对人口增

[①] 当生育率降到更替水平以下，子女一代人的数量少于父母一代人的数量，但因年龄结构因素的影响，人口在一定时期内仍会继续增长，这种增长状态即为惯性增长。

长的影响开始显现，使得人口死亡率变化在 2004 年出现转折，由下降转为持续的上升，2018 年死亡率达到了 7.13‰，比水平最低的 2013 年提高了1.13 个千分点，相当于 20 世纪 70 年代前期的水平。另外，出生率在 2002年降到 13‰ 以下之后，基本上是在 12‰ 左右的水平上波动，但在 2018 年降到了 11‰ 以下。由于死亡率的提高和出生率的下降，尽管 2000 年以来的人口总量大于 20 世纪 90 年代，但每年的人口增量出现了持续减少的趋势，2000 年减少到 1000 万以下，2006 年减少到 700 万以下（见图 1-4）。人口自然增长率在 2009 年降到了 5‰ 以下，然而，由于 2013 年的"单独二孩"政策和 2015 年"全面两孩"政策的相继出台，人口自然增长率略有回升，2014 年、2016 年和 2017 年人口增量也分别增加到 710 万、809 万和 737 万，但 2018 年的人口增量又大幅减少到 530 万，人口自然增长率仅为 3.81‰。2019 年中国总人口将达到 14 亿，从 13 亿增加到 14 亿总共花了 14 年时间，比之前每增加 1 亿人需要的时间大大缩短（见图 1-5）。

人口增量（万人）

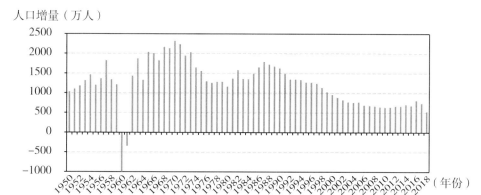

图 1-4 中国人口增量变化趋势（1950~2018 年）

资料来源：国家统计局国家数据库。

（年数）

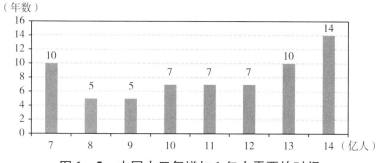

图 1-5 中国人口每增加 1 亿人需要的时间

资料来源：根据国家统计局国家数据库中的数据计算而得。

第三节 中国人口转变的特点及后果

中国是世界上人口转变最为迅速的国家之一，也是少数几个实现了"低出生、低死亡、低增长"人口再生产类型[①]的发展中国家之一。中国的人口转变具有以下特点：

第一，转变进程历时短，速度快。20世纪下半叶中国的人口转变呈现出一个完整过程，从1949年的死亡率迅速下降开始到20世纪90年代中后期总和生育率降到1.8左右的水平，中国的人口转变历时不到50年，比欧美国家人口转变所用的时间少2/3以上。特别是作为一个人口大国，仅仅用了不到30年的时间就完成了生育率的转变，创造了世界人口发展史上的一个奇迹。

第二，人口转变是在经济还非常落后的情况下启动的，整个转变过程也是在经济尚不发达的条件下展开的。1995年，中国人口的平均预期寿命达到了70.8岁，总和生育率下降到1.8，而人均GDP只有600美元左右。当21世纪初中国人口进入低增长时代，人均GDP还不到1500美元。中国人口转变的成功经验成为发展中国家的典范。

第三，社会发展和计划生育政策是促进中国人口快速转变的关键因素。新中国成立后，政府采取了一系列稳定社会和改善民生的政策，稳定物价、增加粮食供给，大力发展医疗卫生事业和妇幼保健事业，提高妇女地位等社会发展政策，有力地促进了死亡率的迅速转变，平均预期寿命在经济尚不发达的条件下就达到了70岁，比其他发展中国家的同期平均水平高出10岁。生育率转变对经济和社会发展有着更高要求，而中国的生育率转变具有特殊性。严格的人口控制和计划生育政策是经济欠发达情况下启动和推进生育率转变的直接原因，而改革开放以来，特别是1992年确立了市场经济为目标的经济改革以来，经济的高速增长、社会的转型与

[①] 人口再生产类型指依据出生率、死亡率和自然增长率形成的人口增长类型。人类历史上有三种人口再生产类型：原始的（高出生率、极高死亡率和极低自然增长率）、传统的（高出生率、高死亡率和较低自然增长率）、现代的（低出生率、低死亡率和低自然增长率）。

发展则成为推动中国生育率转变的内在因素。

人口转变的快速完成大大地促进了中国的经济社会发展。归纳起来看，中国人口快速转变的有利影响主要体现在三个方面。

首先，人口快速转变大大减轻了人口过快增长对生产力的压迫，缓解了人口对资源环境的压力，对中国乃至全世界的可持续发展做出了重大贡献。目前世界上许多贫穷的国家所以会陷入贫困的恶性循环而无法实现经济的腾飞，其根本原因就在于仍然无法摆脱人口和社会经济发展"低水平均衡陷阱"。而要摆脱这个陷阱，其关键就是要把人口增长速度降低到一个适当的水平上。中国人口和计划生育政策做到了这一点，中国因而才有了经济腾飞的前提和条件。

其次，人口快速转变大大促进了人口素质的提高，帮助实现了人口质量对数量的替代。在中华人民共和国成立之前，人口是典型的高出生、高死亡模式，总人口死亡率和婴儿死亡率都非常高。20世纪三四十年代中国的人均预期寿命不足40岁。中华人民共和国成立之后，经济的飞速发展及政府对教育和健康方面的巨大投资迅速改变了上述状况，人口受教育水平迅速提高、营养和健康状况得到极大改善。中国在短短的几十年时间内顺利地实现了从人口大国向人力资源大国的跨越，人口优势顺利地转化为发展的优势和经济增长的动力。

最后，人口快速转变为中国经济的持续稳定增长提供了有利的环境。从人类发展的历史可以看到，一个国家或者社会的经济起飞无一不伴随着人口年龄结构的快速变化，尤其重要的是，经济快速发展或者说起飞阶段无一不对应着一个劳动年龄人口相对丰富的时期。劳动年龄人口相对丰富的人口结构不仅意味着劳动力负担较轻，同时还意味着较高的储蓄率和较强的社会需求，这样一种有利于经济发展的人口结构对于经济发展来说就类似于一种"红利"。中国人口快速转变也同样为经济快速发展创造了这样一种有利的人口环境：随着人口和计划生育政策成功实施所导致的人口增长速度的减缓，劳动年龄人口占总人口的比重快速上升，抚养比例迅速下降，劳动力资源的供给进入最丰富的时期，从而为中国经济和社会发展带来了宝贵的人口"红利"。

第四节 中国人口转变对世界人口增长的影响

作为世界第一人口大国，中国的人口增长对世界人口的影响举足轻重。第二次世界大战之后，全球迎来了一个人口增长浪潮，中国也加入其中，并且以超过世界平均水平的速度增长。由于人口的快速转变，除了 20 世纪 50 年代末和 60 年代初的特殊情况，1950～1975 年期间中国人口增长率明显高于世界人口（见图 1－6）。50 年代初世界每净增 4 个人当中就有 1 个中国人（见图 1－7），世界人口每 5 个人当中就有 1 个中国人（见图 1－8），60 年代末和 70 年代初中国的净增人口在全球净增人口中的占比接近 30%（见图 1－7），总人口在全球人口中的占比超过了 22%（见图 1－8）。

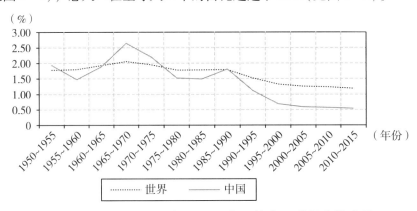

图 1－6　1950～2015 年世界和中国的人口增长率的比较
资料来源：United Nations，World Population Prospects：The 2019 Revision。

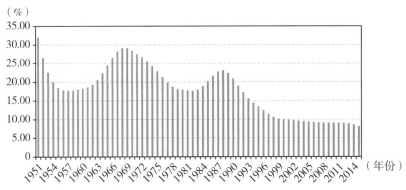

图 1－7　1951～2015 年中国人口增量在世界人口增量中的占比变化
资料来源：United Nations，World Population Prospects：The 2019 Revision。

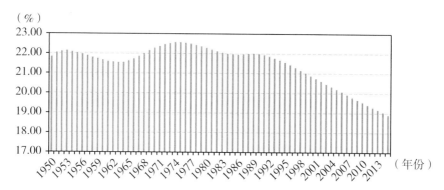

图 1 - 8　1950 ~ 2015 年中国人口占世界人口比重的变化

资料来源：United Nations，World Population Prospects：The 2019 Revision。

1974 年中国的生育率转变开始启动，人口转变进入了第二个阶段，人口增长速度开始下降，并低于世界平均水平，年净增人口在全球净增人口中的占比从 20 世纪 60 年代末的 29% 以上大幅减少到 1982 年的 17.61%，总人口在全球人口中的占比也进入了持续下降的过程。2015 年，中国净增人口占世界净增人口的比重降到了 8.18%，不到峰值时期水平的四分之一，总人口占世界人口的比重下降到 18.92%，比高峰时期的水平低了 3.7 个百分点。中国人口的迅速转变不仅改变了人口增长的轨迹，而且延缓了世界人口增长的速度。如图 1 - 9 所示，20 世纪 90 年代以来世界人口增长率明显高于不包括中国的世界人口增长率，表明中国人口转变对世界人口增长的减速具有显著影响。

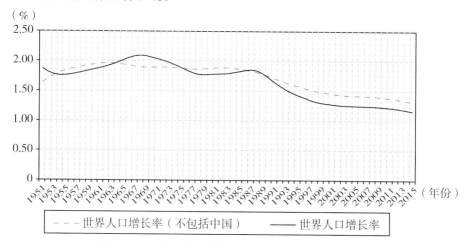

图 1 - 9　中国人口转变对世界人口增长的影响

资料来源：United Nations，World Population Prospects：The 2019 Revision。

　　中国的人口转变与改革开放进程非常契合，人口的迅速转变给社会经济发展和资源环境都带来了巨大和深远的影响：一方面，及时地为改革开放以来经济的高速增长提供了一个长达 40 年左右的"人口红利"期；另一方面，人口增长势头得到了有效的遏止，改变了未来人口增长的轨迹，为摆脱贫困、实现小康和进一步向富裕社会发展创造了有利条件，大大缓解了人口增长对资源和环境的压力，为中国的可持续发展奠定了重要基础。

第二章

死亡率转变与人口健康

　　死亡率转变是人口转变的重要内容，人口健康水平的提高是人口发展的重要方面。中国是世界上死亡率转变最为迅速的国家之一，也是世界上健康水平最高的发展中国家之一，人口的平均预期寿命从 40 岁提高到 70 岁仅仅用了 46 年，并且是在经济欠发达的条件下实现的，这无疑是世界人口发展史上的一个典范。进入 21 世纪以后，随着物质生活水平和医疗水平的进一步提高，人口健康水平又跨上一个新的台阶，2015 年平均预期寿命达到了 76.34 岁。

第一节　人口死亡率的转变

　　20 世纪 40 年代末，中国还是一个高死亡率的国家，1949 年的人口死亡率高达 20‰以上，人口平均预期寿命仅有 40 岁左右。新中国成立后，人口发展随即进入了死亡率转变阶段，人口死亡率出现了快速的下降，虽然 1959 ~ 1961 年的三年困难时期曾中断过这个进程，但之后，死亡率迅即回归到下降通道。到了改革开放前夕的 1977 年，人口死亡率已经降到了 7‰以下，死亡水平显著低于世界和发展中国家的平均水平。根据世界银行的估计，1977 年中国的婴儿死亡率为 55.4‰，比 1975 ~ 1980 年间的世界平均水平低 30 个千分点；5 岁以下幼儿死亡率为 74‰，

比 1975～1980 年间的世界平均水平低 50 个千分点；平均预期寿命达到
65.3 岁，比世界平均水平高出 3.9 岁，比中等收入国家平均水平高出
5.5 岁，与高收入国家平均预期寿命的差距从 1960 年的 24.7 岁缩小到
7.3 岁。

新中国成立后出现的死亡率迅速转变主要是由于三个方面的原因：
第一，战乱和社会动荡的结束给人民的生产和生活创造了一个安定的
社会环境；第二，国民经济的恢复与发展使物质生活资料的供给有了
较大的改善，人民的生活水平有所提高；第三，初级卫生医疗体系的
建立、妇幼保健事业快速发展、安全饮用水和环境卫生的改善等，使
得威胁生命和健康的传染性疾病得到了有效的控制。这些因素使得中
国能够在社会经济尚不发达的情况下出现了从高死亡率向低死亡率的
快速转变。

改革开放以后，随着社会经济的快速发展和人民生活水平的大幅度提
高，死亡率转变也进入了一个新的阶段。在这个阶段，人口死亡率因受老
龄化的影响而变化平缓，但实际死亡水平出现了更为显著的下降，人口平
均预期寿命不断提高（见图 2-1），1996 年超过了 70 岁，这标志着中国
人口完成了从高死亡率向低死亡率的转变。

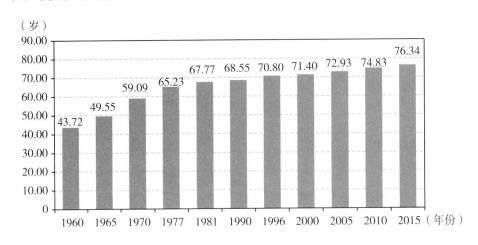

图 2-1　中国人口平均预期寿命的变化

资料来源：1981 年之前的数据引自 World Bank，Database：Health Nutrition and Popu-
lation Statistics. 1981 年及以后的数据引自国家统计局国家数据库。

从全球视野看，中国人口死亡率的转变具有两个鲜明特点：

第一，下降速度快，转变过程短。从 1950 年开始到 1996 年结束，中国人口死亡率转变经历了 46 年，在此期间，人口平均预期寿命从 40.8 岁增加到 70.8 岁，年平均增加速度达到了 0.65 岁，而世界人口平均预期寿命从 1950～1955 年的 46.9 岁增加到 2010～2015 年的 70.8 岁用了整整 60 年。根据联合国预测，发展中国家人口平均预期寿命将在 2015～2020 年期间超过 70 岁，这意味着发展中国家整体上完成死亡率转变所经历的时间要比中国多用 20 多年，而不包括中国在内的发展中国家则还需要再多花 5 年时间。另据世界银行的估计，人口平均预期寿命从 60 岁增加到 70 岁，中国用了 25 年时间，上中等收入国家用了 28 年时间，中等收入国家则用了 34 年时间。如果与西方发达国家的死亡水平转变相比，中国人口死亡水平转变速度相对更快。例如，丹麦、英格兰和威尔士、法国、荷兰、挪威、瑞典的平均预期寿命从 40 岁增加到 70 岁用了 110 年时间。从表征死亡水平的另一个重要指标——婴儿死亡率来看，中国婴儿死亡率下降的速度远远快于世界平均平均，也快于上中等收入国家的平均速度（见图 2-2）。

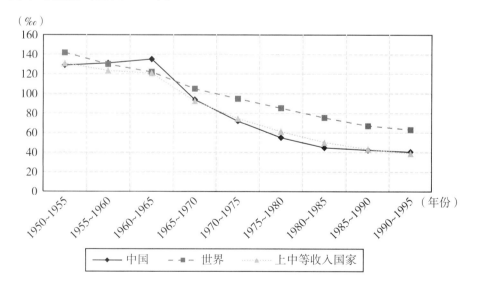

图 2-2　中国与世界、上中等收入国家婴儿死亡率下降趋势的比较

资料来源：United Nations，World Population Prospects：The 2019 Revision。

第二，死亡率转变是在社会经济欠发达的条件下实现的。根据世界银行的统计数据（参见图 2 – 3），在 1992 年之前，中国的人均 GDP 一直在低收入国家的平均水平之下，这表明中国人口死亡率转变的整个过程是在低收入经济状态中完成的。根据世界银行的"世界发展指标"（World Development Indicator）数据，1996 年中国人口平均预期寿命达到 70 岁时的人均 GDP 为 709 美元（现价），仅相当于中等收入国家平均水平的 60%，世界平均水平的 13%。如图 2 – 3 所示，以平均预期寿命达到 70 岁时的经济发展水平作为比较基准，按 2010 年美元不变价格计算，中国的人均GDP 为 1335 美元（1996 年），中等收入国家人均 GDP 为 3531 美元（1998 年），上中等收入国家的人均 GDP 为 4068 美元（2011 年），高收入国家的人均 GDP 为 17171 美元（1969 年），世界人均 GDP 为 9511 美元（2008 年）。

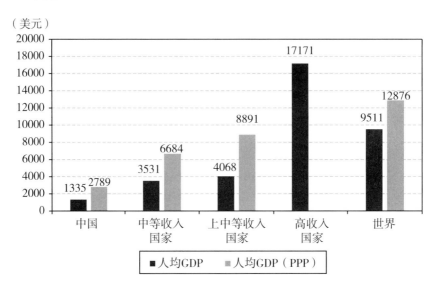

图 2 – 3　人口平均预期寿命达到 70 岁时的经济发展水平国际比较

注：人均 GDP 是与 2010 年不变价美元，PPP 是 2011 年购买力平价。

资料来源：World Bank，Database：World Development Indicator。

第三，低成本医学技术的应用、合理的公共卫生政策是促进中国人口死亡水平快速转变的关键因素。中国的经验表明，导致死亡率转变的根本原因并非经济发展水平，而是低成本的卫生医疗技术的应用和有效的公共卫生医疗制度安排。当然，前一个因素并不是中国独有的，"二战"结束后许多发展中国家都因得益于低成本医疗技术的应用而出现了死亡率的转变，但中国在这个趋势中处于领先地位的关键因素是政府高度重视公共卫生，建立了以预防为主、加强妇幼保健、重视农村卫生工作、确保人人享有基本医疗保健服务、开展群众性爱国卫生运动等基本公共卫生服务制度安排，在国际上被称为"中国模式"。中国以较少的投入实现了基本卫生服务的广泛可及性和公平性，大大降低了传染性疾病、母婴疾病及营养不良相关疾病的发生率和死亡率，使得人口死亡率在20世纪70年代就降到世界平均水平和中等收入国家平均水平以下。

第二节　人口死亡年龄模式和性别差异的变化

由于生物学和社会等方面的原因，因年龄和性别的不同，死亡率也存在着差异。死亡率转变过程不仅是死亡水平下降的过程，同时也是人口死亡率年龄模式和性别模式转变的过程。

一、人口死亡年龄模式的转变

在通常情况下，婴幼儿和老年人的死亡风险要大于其他年龄人口。在死亡率转变之前，死亡率的年龄模式呈"U"形，这个模式具有三个特征：一是婴幼儿死亡率非常高；二是老年人死亡率非常高；三是高死亡率年龄分布比较广。在低死亡率状态，人口死亡率的年龄模式为"J"形，婴幼儿的死亡概率很低，5~50岁的死亡概率都非常低，50岁以后死亡概率才开始提高。中国人口的死亡年龄模式已经发生了深刻变化，如图2-4所示，在各个年龄的死亡概率全面下降的同时，年龄别死亡概率的分布形态也从1950~1955年的"U"形变为2010~2015年的"J"形。比较这两个时期的年龄别死亡概率可以看到，1950~1955年的年龄别死亡概率在35岁以后就开始上扬，而2010~2015年的死亡概率开始上扬的年龄已推迟到50岁，同时还可以发现从55岁到60岁的死亡概率甚至低于1950~1955年从25岁到30岁的死亡概率，而从零岁到1岁的死亡概率更是降低了一个数量级。

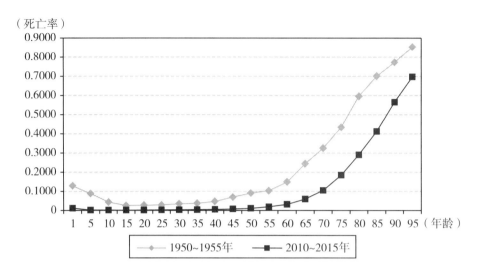

（死亡率）

图 2-4 1950～1955 年和 2010～2015 年中国人口分年龄死亡率

注：除 0～1 岁的死亡概率，其他为每 5 岁分组死亡率。

资料来源：United Nations，World Population Prospects：The 2019 Revision。

二、死亡率的性别差异

死亡率的性别差异是一个普遍存在的现象，一般情况下是女性死亡率低于男性，但也有例外，如印度女性的平均预期寿命在 20 世纪 80 年代之前都低于印度男性。中国人口死亡率的性别模式属于正常状态。新中国成立以后，女性死亡率下降速度一直高于男性。各个来源的数据都显示，新中国成立以后，女性的平均预期寿命一直都高于男性。例如，根据中国国家统计局国家数据库公布的数据，1981 年以来男女平均预期寿命之间的差异呈现扩大趋势，1981～2015 年期间，男性的平均预期寿命增加了 7.36 岁，而女性的平均预期寿命增加了 10.16 岁，两性平均预期寿命之间的差距从 2.99 岁扩大到了 5.79 岁（参见图 2-5）。世界银行的数据显示，中国女性人口 15～60 岁期间的死亡率明显低于男性人口，二者之间在 1960～2016 年的差异呈现先缩小、后扩大、最后相对稳定的变化态势（见图 2-6）。

与男性不同的是，围产期是威胁女性生命的特殊风险因素，因此，中国女性之所以能够获得更长的预期寿命与孕产妇死亡率降低有直接的关

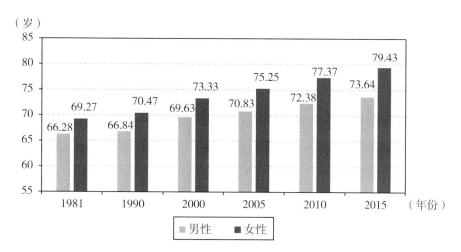

图 2 – 5　1981～2015 年中国人口分性别平均预期寿命的变化

资料来源：国家统计局国家数据库。

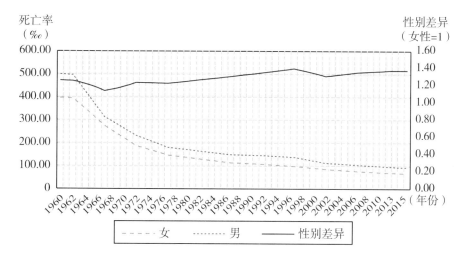

图 2 – 6　中国分性别成年人口死亡率及性别差异的变化

注：成年人口死亡率是指某一年 15～60 岁期间人口的死亡率。

资料来源：World Bank，Database；Health Nutrition and Population Statistics。

系。根据世界卫生组织等国际机构的数据，2015 年中国 15～49 岁女性的孕产妇死亡率（MMR）为 27/100000，死亡人数占该年龄组全部死亡女性的 1.3%，比 1990 年的水平大幅度下降，平均每年下降 5.2%（见图 2 – 7 和图 2 – 8）。2018 年国家卫生计生委公布的消息称，2017 年我国孕产妇死亡率降至 19.6/100000，妇幼健康核心指标总体上优于中高收入国家平均水平。

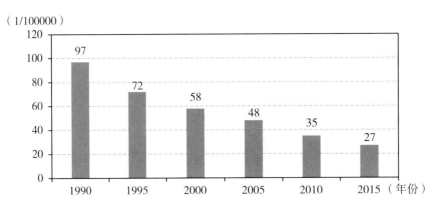

图 2 - 7　中国 15 ~ 49 岁孕产妇死亡率（MMR）

注：围产期死亡率（MMR）是指 15 ~ 49 岁育龄女性因孕产死亡人数与活产数的比率，单位为 1/100000。

资料来源：WHO，Maternal Mortality in 1990 - 2015，China。

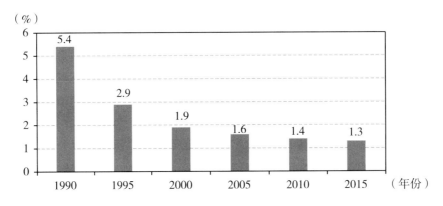

图 2 - 8　中国 15 ~ 49 岁孕产妇死亡人数占比（PM）

注：孕产妇死亡人数占比（PM）是指因孕产死亡的人数占 15 ~ 49 岁育龄妇女全部死亡人数的比例，单位为 1/100000。

资料来源：WHO，Maternal Mortality in 1990 - 2015，China。

另一个可以反映健康性别平等的重要指标是婴儿死亡率的性别模式，正常模式是女婴死亡率低于男婴。在重男轻女和高死亡率的旧中国，女婴死亡率相对于男婴而言一直偏高，例如，1931 ~ 1935 年江苏省江阴县的女婴死亡率为 264‰，比男婴死亡率高出 40 多个千分点。新中国成立后，婴儿死亡率的性别模式恢复正常。然而，在 20 世纪 80 年代后期和 90 年代又出现了女婴死亡率高于男婴的反常现象，但这在很大程度上与女婴漏报有关。世界银行提供的 1990 年以来的 5 个年份数据显示，中国女婴死亡率和

5 岁以下女童死亡率都低于男婴和男童，但二者之间的差距明显缩小，2017 年的差异已经缩小到 1 个千分点左右（见表 2 - 1）。

表 2 - 1   中国婴儿死亡率和 5 岁以下

儿童死亡率的性别差异   单位：‰

死亡率	1990 年	2000 年	2010 年	2015 年	2017 年
女婴	39.8	28.2	12.6	8.6	7.4
男婴	44.3	31.8	14.5	9.8	8.5
女童	51.5	34.7	14.6	10.0	8.7
男童	56.0	38.7	16.8	11.4	9.9

资料来源：World Bank，Database：Health Nutrition and Population Statistics。

第三节 人口健康城乡差距的缩小

在 2012 年之前，中国都是以农村人口为主体的国家，即使是 2018 年，还有 40% 的人口生活在农村，因此，农村人口的死亡率水平和健康状况对全国的影响举足轻重。改革开放以来，农村人口的健康水平有了很大提高，人口死亡水平的城乡差距显著缩小。表 2 - 2 显示，1982 年以来城乡人口平均预期寿命之间的差异呈现"先扩大、后缩小"的变化，二者之间的差距从 1982 年的 4.01 岁扩大到 2000 年的 5.66 岁，2009 年缩小到 5.04 岁。城乡女性人口平均预期寿命之间差异缩小得更为明显，在 2000～2015 年期间缩小了 1.11 岁。

表 2 - 2   中国城乡人口平均预期寿命的差异   单位：岁

年份	全部			男性			女性		
	城市	农村	差距	城市	农村	差距	城市	农村	差距
1982	71.06	67.05	4.01	69.36	65.69	3.67	72.86	68.42	4.44
2000	75.21	69.55	5.66	72.95	68.00	4.95	77.30	71.40	5.90
2005	76.36	71.07	5.29	73.90	69.07	4.83	78.62	73.34	5.28
2009	77.33	72.29	5.04	74.75	69.92	4.83	79.68	74.90	4.79

资料来源：胡英：《中国分城镇乡村人口平均预期寿命探析》，载于《人口与发展》2010 年第 2 期。

城乡人口平均预期寿命之间差距的缩小是农村人口健康状况全面改善的结果。图2-9反映了人口健康水平关键指标城乡差异的缩小趋势，1991~2017年期间新生儿死亡率的城乡差距从25.4个千分点缩小到2.65个千分点，婴儿死亡率的城乡差距从40.7个千分点缩小到3.79个千分点，5岁以下儿童死亡率的城乡差距从50.2个千分点缩小到6.1个千分点，孕产妇死亡率的城乡差异则基本消除。从2017年这几个死亡率指标水平的城乡差异程度可以推断，目前城乡人口平均预期寿命的差异与2009年相比应该有明显缩小。

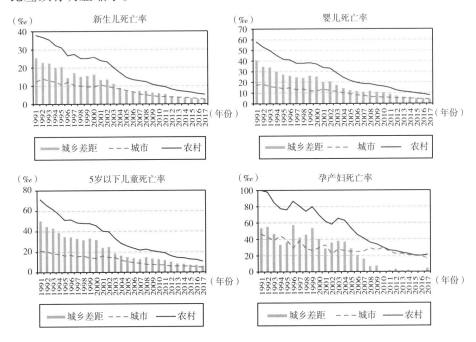

图2-9 1991~2017年中国城乡几个关键死亡率指标水平差异的变化

资料来源：国家统计局国家数据库。

我们可以从国际比较的视野来看中国农村人口健康所取得的巨大进步。根据世界银行的数据，2017年上中等收入国家的新生儿死亡率为7.1‰，婴儿死亡率为11.6‰，5岁以下儿童死亡率为13.7‰，而中国农村的这三项指标的水平分别比其低1.8个千分点、3.7个千分点和2.8个千分点，表明中国农村人口的健康状况已经超过了上中等收入国家的平均水平。农村人口健康水平的快速提高一方面是社会经济发展的结果，如农民收入的显著增长、贫困人口的大幅度减少、卫生设施和交通条件改善等；另一方面是得益于国家在农村建立的农村合作医疗制度和展开的一系列妇幼保健和生殖健康服务项目。

第四节　中国人口健康水平的国际比较

全民健康水平的大幅度提高是中国改革开放 40 年所取得的伟大成就，它促进了人口健康素质的全面提升，提高了人民的福祉，为社会经济发展注入了强大活力。在过去的 40 年中，中国从低收入国家发展成为上中等收入国家，人口健康水平走在发展中国家前列，与发达国家之间的差距不断缩小，再也不是 70 年前的那个积贫积弱的国度。

根据世界卫生组织的数据（Global Health Observatory，WHO），2016 年中国人口平均预期寿命 76.4 岁，世界排名第 52 位[①]；人口平均健康预期寿命 68.7 岁，世界排名第 36 位。世界银行（World Bank，Health Nutrition and Population Statistics）的数据显示，2017 年中国的新生儿死亡率 4.7‰，世界排名第 61 位；婴儿死亡率 8‰，世界排名第 67 位；5 岁以下儿童死亡率 9.38‰，世界排名第 65 位；2015 年孕产妇死亡比（maternal mortality ratio）27/100000，世界排名第 70 位。中国人口死亡率的几个关键性指标都低于上中等收入国家平均水平（见图 2-10），人口平均预期寿命比上中等收入国家的平均水平高出将近 1 岁。然而，与高收入国家相比，中国人口的健康水平还相差不少。高收入国家的人口平均预期寿命都超过了 80 岁，平均预期寿命最长的日本超过了 84 岁；新生儿死亡率为 3‰，水平最低的日本仅为 0.9‰；婴儿死亡率 4.6‰，水平最低的冰岛仅为 1.6‰；5 岁以下儿童死亡率为 5.4‰，水平最低的冰岛仅为 2.1‰；孕产妇死亡比为 13/100000，水平最低的希腊仅为 3/100000。与此同时，一些与中国经济发展水平相同国家的人口健康水平更高一些，例如，2017 年古巴和墨西哥的人均 GDP 和中国大致相同，但是人口平均预期寿命分别比中国高 2.6 岁和 0.2 岁；还有一些国家的经济发展水平明显落后于中国，

---

① 平均预期寿命和平均健康预期寿命按由高至低排序，其他各项死亡率按由低到高排序。

但人口健康水平与中国非常接近甚至高于中国（见表2-3）。因此，无论是从与发达国家的绝对差距看，还是与一些发展中国家的相对差距看，中国人口的健康水平应该还有很大的发展空间。

（‰；1/100000）

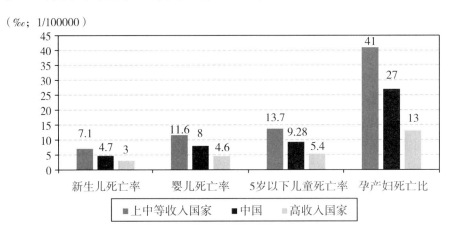

图2-10　人口主要死亡率指标的国际比较

资料来源：World Bank，Database：Health Nutrition and Population Statistics。

表2-3　　　一些发展中国家人口健康和经济发展水平的比较

国家	预期寿命（岁）	人均GDP（美元）	国家	预期寿命（岁）	人均GDP（美元）
古巴	79.0	8433	牙买加	76.0	5114
黑山	76.8	7783	突尼斯	76.0	3464
墨西哥	76.6	8910	摩洛哥	76.0	3007
厄瓜多尔	76.5	6273	秘鲁	75.9	6572
中国	76.4	8827	伊朗	75.7	5593
阿尔巴尼亚	76.4	4538	泰国	75.5	6595
阿尔及利亚	76.4	4055	尼加拉瓜	75.5	2222
黎巴嫩	76.3	8809	斯里兰卡	75.3	4074
塞尔维亚	76.3	5900	洪都拉斯	75.2	2480
越南	76.3	2342	哥伦比亚	75.1	6409

资料来源：World Bank，Health Nutrition and Population Statistics；World Development Indicator。

　　死亡率快速下降和人口健康水平不断提高给中国人口发展带来深刻的、长久的影响，一方面提高了个人的生命质量和家庭的福利水平；另一方面大大改善了人口健康素质，增加了健康人力资本存量，在很大程度上避免了因疾病和过早死亡所造成的私人成本和社会成本损失，进而为社会经济发展注入了强大的活力。

第三章

生育率转变

生育率是决定人口变化的主要因素。生育水平直接决定着人口再生产和人口发展趋势，直接决定着人口增长和人口年龄结构的变化。生育率转变是指人口的生育水平由高到低的变化过程，与死亡率转变共同构成了人口转变。20世纪70年代以来发生在中国的生育率转变，是世界上最为引人瞩目的一场人口革命。作为世界第一人口大国和最大的发展中国家，中国仅用了22年就完成了生育率的转变，不仅创造了世界人口发展史上的一个奇迹，而且还改变了中国乃至整个世界的人口增长轨迹，同时也给中国人口发展带来长远的影响。

第一节　生育率转变过程

生育率转变是当代中国社会最深刻的变化之一。在20世纪70年代初，中国妇女的总和生育率还高达6个孩子以上，到20世纪末已经减少到1.6个孩子左右。这种历史性变化发生在世界第一人口大国，具有极为重要的意义。1949年以来中国的生育率变化可以划分为三个主要阶段（见图3-1），第一阶段是高生育率阶段（1971年之前）；第二阶段是生育率转变阶段（1971~1991年）；第三阶段是低生育率阶段（1992年至今）。

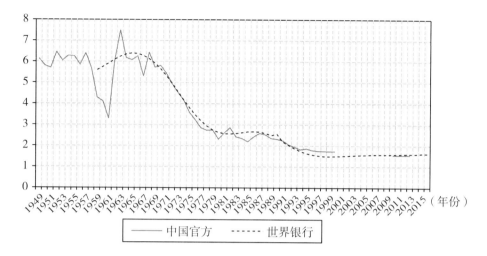

图 3 - 1　中国人口总和生育率的变化趋势

资料来源：国家卫生计生委计划生育基层指导司、中国人口与发展研究中心：《人口与计划生育常用数据手册（2014）》；World Bank，Health Nutrition and Population Statistics；United Nations，World Population Prospects：The 2019 Revision。

一、高生育率阶段

在生育率转变之前，中国人口的生育率一直处于高水平。1949 年中国进入了和平年代，生育率因社会安定和人民生活改善而提高，1949 年总和生育率达到了 6.14，即平均每个妇女一生中生育 6 个以上孩子。为了保护妇女健康，1950 年和 1952 年政府颁布文件和法令禁止人工流产，客观上起到了鼓励生育的作用。在 20 世纪 50 年代和 60 年代，总和生育率除了 1959 ~ 1961 年因困难时期出现暂时下降外，其余年份都保持在 6 左右的水平上，特别是 1963 年因对 1959 ~ 1961 年生育率下降的补偿，总和生育率甚至飙升至 7.5。从国际比较来看，60 年代中国的生育水平要高于其他欠发达国家的平均水平（见图 3 - 2）。

虽然在 20 世纪 70 年代之前中国整体上处于前生育率转变阶段，但是城市地区的生育水平在 60 年代已经出现了明显下降，1965 年总和生育率降到了 4 以下。导致城市生育水平下降的原因有现代化因素的影响，同时在一定程度上归因于中国政府 1954 ~ 1958 年间颁布的一些文件和措施，宣传、鼓励节育，并放宽对人工流产的限制，且 1962 年开始在城市

27

地区推行计划生育，使育龄人口的计划生育需求在一程度上可以得到满足。

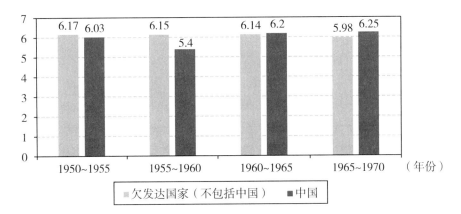

图 3 - 2 20 世纪 50 ~ 60 年代中国和其他发展中国家的总和生育率

资料来源：United Nations，World Population Prospects：The 2019 Revision。

二、生育率转变阶段

20 世纪 70 年代初，中国的社会经济发展面临着很大困境，因为人口持续快速增长，使得包括人均粮食在内的诸多经济指标下滑，甚至低于 50 年代中期的水平。与此同时，国际社会也开始敦促发展中国家的政府在本国开展计划生育。在这样的背景下，1971 年国务院发布文件，第一次明确号召在全国城乡普遍实行计划生育，1973 年进一步提出了"晚、稀、少"的计划生育政策。国务院及各级政府都成立了计划生育领导组织机构，计划生育及避孕、节育的宣传和服务得到广泛开展。自此，开启了中国生育率的转变进程。从转变开始到转变完成，生育率变化经历了三个时期。

（一）20 世纪 70 年代生育率快速下降

1970 年中国的总和生育率为 5.81，1971 年政府决定在全国普遍实行计划生育之后，生育率水平随即出现了快速的直线下降，总和生育率在 1972 年降到 5 以下，1975 年降到 4 以下，1977 年降到 3 以下，1978 年降到了 2.73，在短短 8 年时间内总共降低了一半以上。这个下降速度在世界上都是罕见的。由于生育率的迅速下降，出生人口数量大幅度减少，从 1970 年的 2710 万减少到 1978 年的 1733 万，1979 年进一步减少到 1715

万，比 1970 年的出生规模缩减了 37%。

（二）20 世纪 80 年代生育率的波动徘徊

20 世纪 70 年代生育率的快速下降并没有延续到 80 年代，而是进入了一个波动徘徊时期。1980 年总和生育率为 2.31，1982 年回升到 2.86，之后在 2.2～2.59 的范围内波动。这个时期的生育率波动是由多方面原因造成的。第一，在当时的社会经济条件下，群众的生育意愿高于计划生育政策的要求，尽管 1980 年开始推行独生子女政策，但计划生育政策对生育率下降的边际影响大大弱化；第二，1978 年开始实行的农村联产承包责任制，使得农民对家庭劳动力的需求比人民公社时期要强烈，而这项解放农村生产力的改革在客观上弱化了农村集体对计划生育的管理；第三，1980 年新《婚姻法》颁布实施，使过去按照行政管理规定要求的晚婚年龄失去了约束力，导致婚育年龄提前，形成了婚育堆积；第四，大批下乡知识青年返回城市结婚和生育，在一定程度上形成了对因"上山下乡"推迟结婚和生育的补偿效应；第五，50 年代和 60 年代"婴儿潮"时期出生的人口进入婚育期，改变了育龄妇女的年龄结构。

（三）20 世纪 90 年代生育率再次下降

进入 20 世纪 90 年代后，生育率结束了 80 年代的徘徊局面，再次出现了直线下降，总和生育率在 1990～1992 年下降了 0.3，在 1992 年降到 2.05，这是新中国历史上的生育率在正常年代首次降到更替水平以下，且 1994 年进一步下降到 1.84。根据人口转变理论和人口再生产内在规律，当生育率降到更替水平以下时，就标志着生育率转变的完成。有许多人认为，生育率下降到更替水平以下主要是计划生育政策导致的，是一种外生性的下降，因此中国的生育率转变在 90 年代还没有结束。但后来的事实证明，即使"全面二孩政策"实施后，生育率也没有回升到 1.8。因此，生育率在徘徊了 10 年左右后在 90 年代再次出现下降，并且一直降到更替水平甚至更低的水平，其中最重要的原因是社会经济发展带来的内驱性或内生性的下降。80 年代，虽然执行了以独生子女政策为核心的计划生育政策，但是并没有带来生育率的进一步下降，这说明计划生育政策对生育率转变的边际影响已经大大弱化。在 90 年代，计划生育政策对每对夫妇生育子女数的规定并没有放松，而是提倡计划生育优质服务，如"三结合"

的工作模式①。在这种情况下，生育率的进一步下降主要是90年代社会经济快速发展带来的生育意愿和生育行为的转变。实际上，城市人口的生育率早在70年代末就已经降到更替水平以下，1980年实行独生子女政策后更是降到了极低水平。因此，生育率的再次下降在很大程度上取决于农村人口生育率的降低。经济的高速发展和城市劳动力市场对农村劳动力的开放，使得农村劳动力开始了向城市和非农产业的大规模转移。根据国家卫健委《中国流动人口发展报告2018》，1995年全国流动人口达到7073万，分别比1982年和1990年增加了10.6倍和3.3倍，2000年超过了1亿。这支流动大军的主体是农村青壮年劳动力，其中有很多人是女性。他们来到城市工作、生活，不仅改变了工作方式、收入方式和生活方式，同时也接触到城市文明和现代化观念，这些都会给他们的生育意愿和生育行为带来重要影响。事实证明，1992年之后中国生育率一直处在低水平上，即使"全面二孩"政策实施后，总和生育率仅回升到1.7左右。

　　生育率水平下降实际上是一系列生育行为变化的结果，我们可以从以下几个方面更为全面地了解中国生育率的转变。一是初育年龄的推迟。在生育率转变之初的1970年妇女平均初育年龄为22.78岁，2000年提高到24.50岁（见图3－3），2016年已经提高到26岁以上。②城市妇女的平均初育年龄更为延后，上海市妇联发布的"改革开放40年上海女性发展调

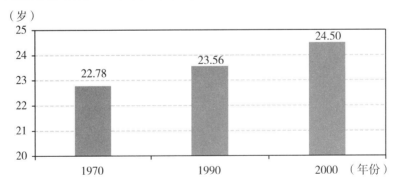

图 3－3　中国妇女平均初育年龄的变化

资料来源：1982年1‰生育率抽样调查；1990年和2000年人口普查。

---

① 意为把计划生育工作与发展经济、帮助农民勤劳致富奔小康、建设文明幸福家庭相结合。
② 刘金菊、陈卫：《中国生育率低在何处?》，载于《人口与经济》2019年第4期。

研报告"① 显示，2015 年上海妇女平均初育年龄已高达 29 岁，超过了许多发达国家。二是生育率年龄模式改变。图 3 - 4 显示，生育率转变完成之后的 2000 年和 2005 年各个年龄生育水平都大大低于转变之前和转变初期，而且生育率峰值大幅度降低，峰值年龄平台明显收窄。三是胎次生育率结构发生改变（见图 3 - 5）。在生育率转变之前，二胎及以上的生育率远远高于头胎和第二胎，生育率转变完成之后的情况发生了逆转，二胎及以上的生育率降到了非常低的水平。

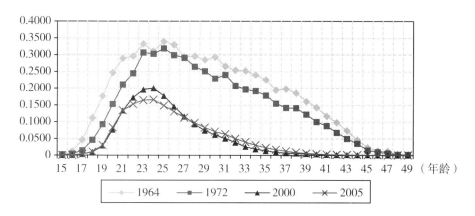

图 3 - 4　中国年龄别生育率的变化

资料来源：国家计生委：《中国常用人口数据集》，中国人口出版社 1994 年版；2000 年人口普查和 2005 年 1% 人口抽样调查。

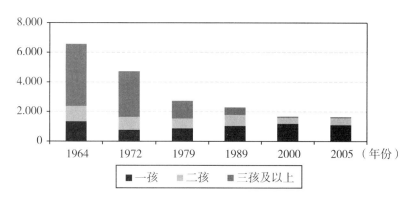

图 3 - 5　中国妇女分孩次生育率的变化

资料来源：国家卫计委：《中国常用人口数据集》，中国人口出版社 1994 年版；2000 年人口普查和 2005 年 1% 人口抽样调查。

---

① http：//www. shanghai. gov. cn/nw2/nw2314/nw2315/nw5827/u2law1351535. html.

三、低生育率阶段

在转变完成之后，中国生育率下降的步伐并没有停止，而是走向更低的水平（见图 3 - 6）。根据中国官方数据，中国的总和生育率在 1995 年降到 1.86，1999 年降到 1.73，2000 年的总和生育率在 1.68 ~ 1.77 之间，2010 年进一步降到 1.5 ~ 1.6 之间。世界银行的数据则显示中国的总和生育率在 1998 年降到了 1.5，1999 年甚至低于 1.5，之后略有提高，但在 2015 年之前都没有超过 1.6。根据联合国发布的报告《世界生育率模式 2015》（*United Nations*，2015），目前世界上生育率最低的地区是欧洲和东亚，总和生育率平均为 1.6。从图 3 - 6 中也可以看到，2010 ~ 2015 年期间中国的总和生育率水平与世界上生育率最低的欧洲处在同一水平上，并明显低于高收入国家、上中等收入国家和世界的生育水平。中国已经成为世界上低生育率国家之一，而且是少数几个处于低生育水平的发展中国家之一。

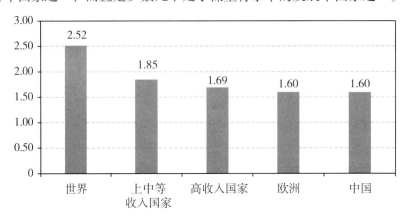

图 3 - 6　2010 ~ 2015 年中国和世界不同收入国家总和生育率的比较
资料来源：United Nations，World Population Prospects：The 2019 Revision。

第二节　中国生育率转变的特点

与世界上其他国家的生育率转变相比，中国的生育率转变具有以下四个特点：

一、中国是较早发生生育率转变的发展中国家

生育率转变最早出现在法国，紧随其后的是其他欧美发达国家，基本上是在第二次世界大战之前完成了转变。发展中国家生育率转变是在第二次世界大战结束后出现的。根据联合国和世界银行的数据，20世纪50年代发生生育率转变的地区和国家主要是东欧和苏联，以及一些原属英法等国殖民地的拉美国家、东非的毛里求斯、中东的黎巴嫩，中国的香港和澳门也是在这个时期进入生育率转变的。60年代南美的智利、巴西、斐济、圭亚那、哥斯达黎加、哥伦比亚、文莱、海地、牙买加以及亚洲的韩国、斯里兰卡、印度、印度尼西亚等的生育率先后开始转变。根据世界银行的数据，如果按照进入生育率转变的时间先后排序，在1960年以后开始生育率转变的至少98个国家和地区中，中国排在第23位。

二、中国的生育率转变发生在经济欠发达时期

1960年以来发生生育率转变的93个国家和地区（不包括卡塔尔、阿联酋、阿曼、沙特和科威特）在转变开始时的人均GDP平均为1737美元[①]（2010年不变价格），按当年价格计算，中国生育率开始转变时（1971年）的人均GDP仅为119美元，按2010年不变价格为238美元，只高于缅甸1971年开始转变时的172美元和2004年埃塞俄比亚生育率转变开始时的214美元。在20世纪60年代或70年代生育率转变开始时人均GDP低于800美元（2010年不变价格）的国家中（见表3-1），最早发生生育率转变的国家是斯里兰卡（1961年），随后是印度（1964年）和印度尼西亚（1967年）。中国虽然不是最早进入生育率转变的低收入国家，但却是最早完成生育率转变的国家。斯里兰卡的生育率转变直到2014年才结束，历时53年；印度和印度尼西亚的生育率转变时间已经超过半个世纪，但仍未结束，2017年的总和生育率分别为2.30和2.34；与中国基本

[①] 93个国家和地区人均GDP的算术平均数。

上同期进入生育率转变的缅甸、莱索托、埃及在 2017 年的总和生育率分别为 2.19、3.04 和 3.21。而且，2017 年印度、印度尼西亚、缅甸、莱索托、埃及的人均 GDP（2010 年不变价格）分别为 1987 美元、4130 美元、1490 美元、1304 美元和 2785 美元，大大高于 1992 年中国的人均 GDP 水平（见表 3 – 1）。

表 3 – 1　　　　　　　　低收入国家生育率转变的比较

国家	转变起始年	起始年人均 GDP（美元）	转变结束年份	结束年人均 GDP（美元）	转变经历时间
斯里兰卡	1961	586	2014	3506	53 年
印度	1964	371	—	—	53 年以上
印度尼西亚	1967	657	—	—	50 年以上
中国	1971	228	1992	889	22 年
缅甸	1971	172	—	—	46 年以上
莱索托	1973	429	—	—	44 年以上
尼泊尔	1973	290	2017	732	46 年
埃及	1975	790	—	—	43 年以上
越南	1976	—	1999	721	23 年
孟加拉国	1983	369	2017	1093	34 年
中非	1989	490	—	—	28 年以上
不丹	1989	721	2015	2629	26 年

资料来源：World Bank，World Development Indicators。

三、中国是世界上生育率转变速度最快的国家之一

中国的生育率转变从 1971 年开始到 1992 年结束，仅仅用了 22 年，比欧美发达国家生育率转变所用时间整体上缩短了 2/3，比其中一些国家甚至缩短了 4/5。世界银行的统计数据显示，1960 年以来发生并完成了生育率转变的 43 个国家和地区平均转变时间超过了 35 年，中国是少数几个在一代人内完成了生育率转变的国家，生育率转变历时与韩国并列第 3 位，排在前两位的国家是伊朗（15 年）、新加坡（18 年）。但这几个国家生育

率转变时期的经济发展水平远远高于中国，生育率转变结束时伊朗的人均GDP 为 4750 美元（2010 年不变价格）、韩国为 4644 美元（当年价格），新加坡为 9396 美元（当年价格），而中国仅为 889 美元（2010 年不变价格）。

四、计划生育政策在生育率转变中发挥了关键性作用

相对于社会经济发展水平而言，中国的生育率转变是提前启动的，而启动引擎的钥匙是国家的计划生育政策，这也是推动中国生育率转变快速发展和迅速结束的一个重要原因，尤其是在生育率转变启动和前期阶段发挥了关键性作用，在 1971～1979 年期间，总和生育率水平下降了 50% 以上。中国的计划生育政策（特别是独生子女政策）及其执行效率在世界上是独一无二的，这也决定了中国生育率转变的特殊性[①]。虽然中国生育率转变的启动和前期发展是源于外生力量，但中期和后期的发展则主要是社会经济发展和生育观念变化等内生力量推动的。

第三节　生育率转变的后果

中国生育率快速转变直接产生了三个主要的人口后果：一是人口增长率的下降；二是人口抚养比降低；三是家庭规模和结构的变化。前两个后果是宏观层面上的人口变化，第三个后果是微观层面上的人口变化。这三个后果都对中国的社会、经济发展以及人民福利带来多方面的、重要的、长远的影响。

一、人口增长减速

生育率转变不是孤立存在的，而是人口转变的重要组成部分，它直接

---

① 本书第四章全面回顾了中国计划生育政策。

改变了人口增长的动力机制和变化趋势。在不考虑国际移民的情况下，生育是一个国家人口增长的唯一来源。当生育水平下降时，人口增长动力减弱；当生育率降到更替水平以下后，人口的内在增长率就转为负增长；当低生育率延续足够长时间之后，人口内在负增长就会变成现实负增长。例如，在总和生育率1.5的情形下，人口数量会在50年内减半；在总和生育率1.3的情形下，人口数量会在30年内减半。中国生育率的快速转变和长期低生育率不仅导致了20世纪70年代以来人口增长的减速，同时也决定了未来人口负增长的到来。本书第一章全面描述了中国人口过去和现在的增长变化，在第十章分析未来的人口增长趋势，此处不再赘述。

二、人口低抚养比大幅降低

生育率的迅速转变带来的第一个人口年龄结构效应是人口抚养比下降（见图3-7）。在生育率转变之前，中国人口的抚养比处于80左右的高水平，并且负担的主要是少儿人口。在生育率转变开始之后，抚养比随着出生人口的减少而开始大幅度下降，1980年降到67.8，1990年降到52.5；1996年人口抚养比降到49.4，标志着中国进入了低抚养比时代；2010年达到了最低点35.6，比世界平均水平低16.9个百分点，比高收入国家低13个百分点，比上中等收入国家低5.4个百分点。

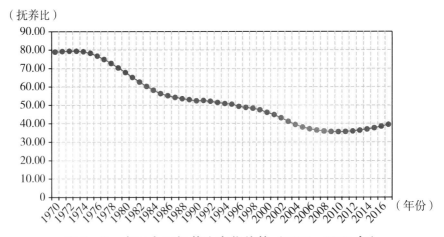

图3-7 中国人口抚养比变化趋势（1970~2017年）

资料来源：World Bank，Database：Health Nutrition and Population Statistics。

三、微观人口后果

生育率转变在微观层面上也带来一系列人口后果，其中最主要的是体现在三个方面：其一是核心家庭规模缩小。在生育率转变之前，平均每个育龄妇女生育 5 个左右的子女，因此标准核心家庭①的平均规模约为 7 个人左右，而自 20 世纪末以来生育率基本上处于 1.6 左右的水平，因此标准核心家庭的平均规模缩小到 3.6 个人左右，而独生子女家庭的规模只有 3人。其二是直系亲属网络缩减。低生育率使得家庭中兄弟姐妹数量减少，独生子女甚至没有兄弟姐妹，进而导致了家庭亲属网络的缩减。其三是空巢家庭数量增加。低生育率使得核心家庭的空巢期提前到来，并且空巢期延长，进而导致了空巢家庭的快速增长。有研究显示，20 世纪 40 年代出生的户主家庭进入空巢期的平均年龄是 57.5 岁，60 年代出生的户主家庭进入空巢期的平均年龄提前到 44.4 岁。根据国家卫生计生委家庭司和中国人口与发展研究中心"2014 年中国家庭发展追踪调查"数据，空巢家庭占比为 51.3%，在生育过子女家庭中的空巢家庭占比高达 59.3%。

---

① 标准核心家庭是指由父母和未成年子女组成的家庭。

第四章

中国的计划生育政策

在中国现代人口发展史上,计划生育政策的影响举足轻重。时至今日,计划生育政策已经实行了将近半个世纪,直接影响了整整两代人的生育,其连锁效应更是广泛和持久。因此,需要从历史角度客观地评价计划生育政策对中国人口发展的贡献和多方面影响。

第一节 计划生育政策出台的历史背景

中国的计划生育政策是在特殊历史背景下出台的,并且主要是基于经济方面的考虑,是计划经济的产物。1953 年,中国进行了第一次人口普查,调查结果显示,至 1953 年 6 月 30 日,全国的总人口达到 6.02 亿。这个结果大大超乎了人们的意料,引起社会各界和中央领导人的关注。时任国务院政务委员、全国政协常委的邵力子先生在 1953 年冬天召开的政务院会议上提出了计划生育的建议①,他在 1954 年 9 月 17 日第一届全国人大第一次会议上作主题发言中再次指出,人多是好事,但在经济还没有发展起来的困难很多的环境里,人口应该得到控制,不控制人口,后患无穷。1955 年 7 月一届全国人大二次会议上,北京大学校长、全国人大常委

---

① 吴跃农:《邵力子与马寅初的"新人口论"》,载于《文史春秋》2004 年第 5 期。

马寅初先生将根据自己在浙江、江西等地调查研究基础上完成的"控制人口与科学研究"一文提交到浙江小组讨论，提出控制人口的主张。1957年2月，在最高国务会议第十一次（扩大）会议上，马寅初就"控制人口"问题再次发表了自己的观点："我们的社会主义是计划经济，如果不把人口列入计划之内，不能控制人口，不能实行计划生育，那就不成其为计划经济。"①

与此同时，中央领导人也意识到人口快速增长给国民经济和社会发展带来的压力，开始关注节制生育和人口控制问题。

但当时人们对于是否要推行节育的认识是不同的。在1955年7月召开的一届全国人大二次会议上就有许多人反对马寅初和邵力子的观点，认为社会主义社会没有人口问题。反对控制人口和节育的人显然是从意识形态角度看待中国人口问题的。另外，即使是赞成节育的人也非常明确地与马尔萨斯划清界限。

但是，人口增长对经济增长和社会发展沉重压力的客观存在，不会因政治需要而改变，尤其是两次经济衰退促使中央领导人再次认真考虑节制生育问题。在新中国历史上曾发生过两次经济衰退，第一次经济衰退发生在1960～1962年，国内生产总值缩减了31.4%，人均GDP水平下降了26.5%。与1957年相比，1960年的农业总产值减少了23%，人民的生活水平更是大幅下降，人口死亡率飙升。第二次经济衰退发生在1967～1968年，连续两年出现了经济负增长，国内生产总值缩减了10%，人均GDP从1966年的257元减少到1968年的225元，1969年才回升到247元（见图4-1）。1967年和1968年的财政收入分别比上一年减少了24.9%和13.9%。另外，粮食人均占有量一直在低水平上徘徊，直到1970年也没有超过1957年的水平（见图4-2）。

虽然这两次经济衰退主要是因政治原因导致的，但在当时的历史条件下复苏和发展经济一方面通过采取经济调整政策，另一方面途径就是减轻人口增长压力。从计划生育政策出台的时间看，应该与两次经济衰退有着直接关系。在第一次经济衰退发生后，中共中央、国务院于1962年12月18日发布

---

① 彭华：《马寅初的最后33年》，中国文史出版社2005年版，第146页。

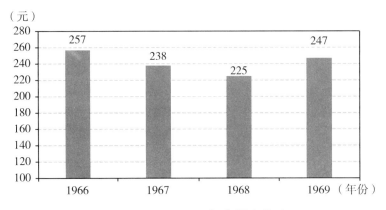

图 4 - 1   1966~1969 年中国人均 GDP

资料来源：国家统计局国家数据库。

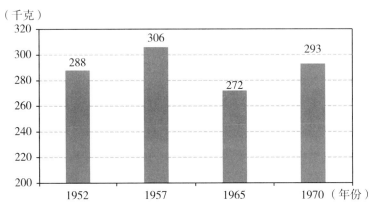

图 4 - 2   中国人均粮食占有量

资料来源：国家统计局国家数据库。

了《关于认真提倡计划生育的指示》，要求"在城市和人口稠密的农村提倡节制生育，适当控制人口自然增长率，使生育问题由毫无计划的状态逐渐走向有计划的状态。这是我国社会主义建设中的既定政策"。周恩来提出一对夫妇两个孩子，并在 1963 年 12 月再次强调节制生育问题。1964 年 6 月 30 日进行的第二次全国人口普查结果显示，全国人口总数达到了 7.23 亿人。这个普查结果进一步增加了中央领导人在全国实行计划生育的决心。"人口多、增长快、负担重"成为中央领导人对中国人口与经济关系的基本判断，节制生育、减轻人口压力也就成为必然的政策选择。①

---

①　彭佩云主编：《中国计划生育全书》，中国人口出版社 1997 年版，第 133 页。

在"晚、稀、少"的生育政策下，20 世纪 70 年代生育率出现了大幅下降，但这并没有使计划生育政策稳定下来，而是进一步收紧为"独生子女"政策，究其原因仍是经济方面的考虑。其中有两个关键性事件，一个是"文化大革命"结束后大批"上山下乡"知识青年回城，给城市带来沉重的就业压力，出现了大量的待业人员，失业成为人口压力的新表现形式。另一个更为关键的事件是 1982 年召开的中共十二大提出到 20 世纪末实现国民生产总值比 1980 年翻两番，人民生活达到小康水平的战略目标。实行严格的生育控制政策被认为是实现这个战略目标的重要手段，相应地提出到 20 世纪末将总人口控制在 12 亿以内的目标。

第二节　计划生育政策

一、计划生育政策的出台

1970 年全国许多地区开始实行计划生育，但计划生育政策的正式出台是在 1971 年，国务院批转了《关于做好计划生育工作的报告》，首次明确号召在全国城乡范围内普遍推行计划生育，提出"一个不少，两个正好，三个多了"的计划生育政策。

1973 年国务院成立了计划生育领导小组，中央和地方都建立起计划生育机构，同年 12 月国务院计划生育领导小组在计划生育汇报会上提出在全国范围施行"晚、稀、少"的生育政策[1]。这是政府从倡导计划生育到直接控制生育政策转变的标志性事件。

1978 年 10 月 26 日，中共中央批转《关于国务院计划生育领导小组第一次会议的报告》，首次对生育子女的数量做出明确要求，一对夫妻生育孩子数量"最好一个，最多两个"。

1979 年 1 月，国务院计划生育领导小组召开了全国计划生育办公室主任会议。在这次会议上，时任中共中央政治局委员、国务院副总理、

---

[1] "晚"指晚育，"稀"指拉大生育间隔，"少"指少生。

国务院计划生育领导小组组长的陈慕华提出"鼓励生一胎，把人口降下来"。1月27日《人民日报》社论以"必须高度重视计划生育工作"为标题，提出"我们提倡一对夫妇生育子女最好一个，最多两个。各省、市、自治区，可以根据当地实际情况制定有利于计划生育的政策、措施。对于只生一胎，不再生第二胎的育龄夫妇，要给予表扬；对于生第三胎和三胎以上的，应从经济上加以必要的限制"[①]。国务院计划生育领导小组将工作重点从提倡"最好一个，最多两个"转移到了鼓励"只生一个"上来。

1980年3～5月，中共中央书记处委托中共中央办公厅连续召开了5次人口座谈会，最终确定了严格控制生育和人口增长的政策基调。1980年9月召开的第五届全国人民代表大会第三次会议上，国务院正式宣布调整"晚、稀、少"的生育政策，指出"在今后二三十年内，必须在人口问题上采取一个坚决的措施，就是除了在人口稀少的少数民族地区以外，要普遍提倡一对夫妇只生育一个孩子，以便把人口增长率尽快控制住，争取全国总人口在本世纪末不超过十二亿"。[②] 1980年9月25日中共中央发表了《中共中央关于控制我国人口增长问题致全体共产党员、共青团员的公开信》，指出"为了争取在本世纪末把我国人口控制在十二亿以内，国务院向全国人民发出号召，提倡一对夫妇只生育一个孩子"。1982年2月9日，中共中央、国务院发出《关于进一步做好计划生育工作的指示》，将计划生育定为基本国策，并确定了到20世纪末把人口控制在12亿以内的目标。《中华人民共和国国民经济和社会发展第六个五年计划（1981－1985）》提出，到2000年末把总人口控制在12亿以内，到1980年把人口自然增长率降到10‰，1985年进一步下降到5‰。[③]

综上可以看到，中国的计划生育政策在1971～1980年短短9年时间里跨了四大步：第一步的政策是"一个不少，两个正好，三个多了"（1971年）；第二步的政策是"晚、稀、少"（1973年）；第三步是"最好一个，

---

① 转引自中国社会科学院人口研究中心编：《中国人口年鉴（1985）》，中国社会科学出版社1986年版，第24页。

② 转引自路遇、翟振武主编：《新中国人口六十年》，中国人口出版社2009年版，第1111页。

③ 事实上，中国人口自然增长率到2008年才降到5.08‰。

最多两个"（1978 年）；第四步是"只能生一个"（1980 年）。政策收紧的步伐越来越大，也越来越快。

二、计划生育政策的调整

严格的"一孩政策"远远超出了群众能够接受的程度，在执行过程中遇到巨大阻力，"干群关系"紧张，尤其在农村地区带来了严重的负面后果，计划生育工作被称为"天下第一难事"。在这种情况下，1984 年国务院下发了《关于计划生育情况的汇报》，将"一孩政策"调整为"一孩半政策"，即农村地区夫妇生育第一个孩子为女孩的，在间隔 4～5 年后可以再生一个孩子。执行"一孩半政策"的省份包括河北、山西、内蒙古、辽宁、吉林、黑龙江、浙江、安徽、福建、江西、山东、河南、湖北、湖南、广东、广西、贵州、陕西、甘肃等 19 个省（区）的农村居民。除此之外，在云南、青海、海南、新疆和宁夏 5 个省（区）的农村地区实行"二孩政策"，少数民族、海外侨民和残疾人口等实行"两个及以上孩子政策"。至此，中国的计划生育政策安排最终确立，之后一直实行了 29 年。

三、计划生育政策的逐步完善

进入 21 世纪后，中国的人口形势发生了显著变化，生育率长期处于低水平，人口老龄化开始加速。认识到长期低生育率对社会经济发展的不利影响，国家的计划生育政策开始分步完善。2011 年 11 月，全国各地全面实施"双独二孩"政策。2013 年 11 月，中共十八届三中全会通过的《中共中央关于全面深化改革若干重大问题的决定》提出，"坚持计划生育的基本国策，启动实施一方是独生子女的夫妇可生育两个孩子的政策，逐步完善生育政策，促进人口长期均衡发展"[①]。2015 年 11 月，十八届五中

---

① 《中国共产党第十八届中央委员会第三次全体会议文件汇编》，人民出版社 2013 年版，第 69 页。

全会进一步指出，"坚持计划生育的基本国策，完善人口发展战略，全面实施一对夫妇可生育两个孩子政策"[1]。

完善生育政策和人口发展战略的重要举措，开启了我国人口发展和计划生育事业的新时代。生育政策调整是人民群众的普遍要求，生育政策调整的根本目的是保障民生和增进人民福祉。第一，它体现了新一届中央领导集体对民生的高度重视，对民意的积极回应，是促进社会稳定与和谐的重要举措，这一改革措施的出台为最终实现人民群众的自主生育和自主计划生育铺平了道路；第二，它可以有效缓解独生子女父母的养老困境，为提高家庭发展能力创造了有利条件；第三，它可以减轻我国未来社会养老保障的压力，降低养老危机风险，为老年人的晚年生活提供更为安全的保障；第四，它可以增加新生劳动力的供给，为经济发展带来新一轮人口红利；第五，它有利于促进人口的长期均衡发展，避免人口结构的严重失衡，降低人口发展的不可持续风险。因此，生育政策调整具备了个体利益与社会利益相统一的基础。

第三节　计划生育立法

在计划生育政策出台和不断收紧的同时，关于计划生育的立法也紧锣密鼓地进行。1978 年 3 月 5 日在全国人大五届一次会议上通过的《中华人民共和国宪法》第五十三条规定"国家提倡和推行计划生育"，这是首次把计划生育写入宪法。1982 年 9 月，中共十二大把计划生育确定为基本国策，并于同年 12 月写入宪法，《宪法》第二十五条规定"国家推行计划生育，使人口的增长同经济和社会发展计划相适应"，第四十九条规定"夫妻双方有实行计划生育的义务"。

1986 年，中共中央转发了《关于"六五"期间计划生育工作情况和"七五"期间工作意见的报告》，强调必须严格控制人口增长，各省、自治

---

① 《中国共产党第十八届中央委员会第五次全体会议公报》，新华网，2015 年 10 月 29 日，http：//www.xinhuanet.com/politics/2015－10/29/c_ 1116983078.htm。

区、直辖市人大常委会先后颁布了地方计划生育条例，根据国家计划生育政策的总体要求，对本地区的计划生育政策、奖惩和服务做出了具体安排。

1991 年 12 月 26 日国务院批准国家计划生育委员会发布《流动人口计划生育工作管理办法》，1998 年 9 月 22 日国家计划生育委员会发布新的《流动人口计划生育工作管理办法》。该办法规定流动人口的计划生育工作由其户籍所在地和现居住地的地方人民政府共同管理，以现居地管理为主。地方各级人民政府应当将流动人口计划生育管理纳入本行政区域内人口和计划生育管理目标责任制；要求成年流动人口在离开户籍所在地前，应当凭合法的婚姻、身份证件，到当地县级人民政府计划生育行政管理部门或者乡（镇）人民政府、街道办事处办理婚育证明。成年流动人口到现居住地后，应当向现居住地的乡（镇）人民政府、街道办事处交验婚育证明，并规定有关部门审批成年流动人口的暂住证、营业执照、务工许可证等证件时，应当核查其现居住地的乡（镇）人民政府或者街道办事处查验过的婚育证明，并将审批结果通报其现居住地的乡（镇）人民政府或者街道办事处；没有婚育证明的，不得批准。

2001 年 7 月，国务院颁布了《计划生育技术服务管理条例》和相关配套文件，加强对计划生育技术服务工作的管理和保障公民的生殖健康权利。2004 年 12 月 10 日国务院颁布了《国务院关于修改〈计划生育技术服务管理条例〉的决定》，对《计划生育技术服务管理条例》做出修改。

2001 年 12 月 29 日，第九届全国人大常委会第二十五次会议通过了《中华人民共和国人口与计划生育法》，于 2002 年 9 月 1 日正式实施。这部法律再次明确实行计划生育是国家的基本国策，并稳定现行生育政策。提倡一对夫妻生育一个子女，符合法律、法规规定条件的，可以生育第二个子女。具体办法由省、自治区、直辖市人民代表大会或者其常务委员会规定。之后各省、自治区、直辖市都制定了本地区的人口与计划生育条例。

2002 年 8 月 2 日国务院公布自 2002 年 9 月 1 日起施行《社会抚养费征收管理办法》，将超生罚款改为社会抚养费，规定不符合《人口与计划生育法》第十八条的规定生育子女的公民，应当依照本办法的规定缴纳社会抚养费。社会抚养费的征收标准，分别以当地城镇居民年人均可支配收入和农村居民年人均纯收入为计征的参考基本标准，结合当事人的实际收入水平和不符合法律、法规规定生育子女的情节，确定征收数额。社会抚养费的具体征收标准由省、自治区、直辖市规定。

2004 年根据《国务院办公厅转发人口计生委财政部关于开展对农村部分计划生育家庭实行奖励扶助制度试点工作意见的通知》，人口计生委、财政部制定了《农村部分计划生育家庭奖励扶助制度试点方案（试行）》。该项农村部分计划生育家庭奖励扶助制度，是在各地现行计划生育奖励优惠政策基础上，针对农村只有一个子女或两个女孩的计划生育家庭，夫妇年满 60 周岁以后，由中央或地方财政安排专项资金给予奖励扶助的一项基本的计划生育奖励制度。

2009 年 4 月 29 日国务院公布自 2009 年 10 月 1 日起施行《流动人口计划生育工作条例》，强调寓管理于服务之中，维护流动人口的合法权益，稳定低生育水平；取消了《流动人口计划生育管理办法》把交验婚育证明作为办理暂住证、营业执照、务工许可证等证件先决条件的规定。

从 1978 年到 2009 年，中国最终建立了以实行计划生育、控制人口为主旨，以实行计划生育是基本国策为基本原则的计划生育法律法规体系。随着时间的推移和形势的变化，在法律法规中还增加了保障人民合法权利和计划生育、生殖健康服务的内容。

2015 年中央决定实施"全面二孩"政策后，为了落实中央决定，2015 年 12 月全国人大常委会对《人口与计划生育法》做出修改，各省、自治区、直辖市也先后修改了本地区的《人口与计划生育条例》。与之前不同的是，这次修法增加了对生育的支持性规定，如延长产假等。

第四节 计划生育工作

一、计划生育管理机构的历史沿革

设立一个计划生育管理机构的设想最初是由毛泽东提出的，他在

1957 年 2 月 27 日召开的最高国务会议第十一次会议上讲："关于这个问题，政府可能要设立一个部门，或者设一个节育委员会，作为政府的机关，人民团体也可以组织一个。"[①] 1963 年 10 月，国务院召开全国第二次城市工作会议，要求"中央和地方都要成立计划生育委员会，具体领导这方面的工作。"[②] 1964 年国务院成立计划生育委员会，由国务院秘书长任主任，下设办公室，主要任务是负责节育宣传、技术指导工作，对全国计划生育工作情况进行调查研究和督促检查。各省、自治区、直辖市也先后成立了相应的组织机构，或在卫生厅内指定专人负责计划生育工作。1966 年"文化大革命"开始后，计划生育工作受到影响，1968 年 8 月计划生育组织机构被取消，计划生育工作仍由卫生部负责。

1973 年 7 月 16 日，国务院再次成立计划生育工作领导机构——国务院计划生育领导小组，下设办公室（设在卫生部）。领导小组的主要任务是协调对全国计划生育的宣传指导，加强避孕科研、节育技术指导和做好避孕药具的供应工作；进行调查研究，总结和交流经验。

1981 年 3 月 6 日，五届人大第十七次常委会决定设立国家计划生育委员会，由陈慕华副总理任主任。国家计划生育委员会是国务院的常设机构，负责全国的计划生育工作。除西藏自治区外，各省、自治区、直辖市都成立了计划生育委员会，到 20 世纪 80 年代后期全国的地级市以及 2860 多个县级单位都设立了计划生育委员会，5 万多个乡镇设立了计划生育办公室，在 80 多万个行政村建立了计划生育领导小组或办公室，构成了中央、省、地、县、乡和村六级的计划生育组织机构体系。此外，全国大部分县、乡、村建立了计划生育服务站（室），只有中心城区和少数县、乡依靠卫生系统提供计划生育服务。计划生育管理与服务网络几乎覆盖了中国大陆所有的城镇和乡村。

2003 年第十届全国人大第一次会议决定，在国务院行政管理体制和机构改革中，将原国家计划生育委员会更名为国家人口和计划生育委员会。

---

① 转引自曹前发：《建国后毛泽东人口思想论述》，中国共产党新闻网，2009 年 11 月 9 日，http：/dangshi. people. com. cn/GB/144956/10343658. html。
② 转引自张翼：《中国人口控制政策的历史变化与改革趋势》，载于《广州大学学报（社会科学版）》2006 年第 8 期。

国家人口和计划生育委员会承担着执行国家的人口和计划生育政策的责任。

2013 年，根据第十二届全国人民代表大会第一次会议批准的《国务院机构改革和职能转变方案》和《国务院关于机构设置的通知》，设立国家卫生和计划生育委员会，为国务院组成部门。

2018 年，根据第十三届全国人民代表大会第一次会议批准的国务院机构改革方案，将国家卫生和计划生育委员会的职责整合，组建中华人民共和国国家卫生健康委员会。

除了政府计划生育工作管理机构之外，中国计划生育协会也是推动计划生育工作的一个重要社会力量。中国计划生育协会成立于 1980 年，是以倡导人民群众计划生育/生殖健康为目标的全国性、非营利性群众团体。根据中国计划生育协会官网介绍，自 1980 年建立以来，中国计划生育协会共建立基层组织 100 多万个，发展会员 9400 万。按照国家行政区划设立省、市、县、乡四级地方组织，在村（居）社区、企事业单位、两新组织、高校、流动人口等建立基层组织。

二、计划生育工作的改革和转型

20 世纪 80 年代末和 90 年代初，计划生育工作要由党政"一把手"亲自抓、负总责。1991 年 4 月 7 日，中共中央、国务院在北京中南海怀仁堂召开了第一次"中央计划生育工作座谈会"，明确提出"一把手亲自抓、负总责"的工作原则。5 月 12 日，中共中央、国务院发布《关于加强计划生育工作严格控制人口增长的决定》，指出，"各级党委和政府务必把计划生育工作摆到与经济建设同等重要的位置上来，把人口计划纳入本地区国民经济和社会发展总体规划，列入重要议事日程。党政第一把手必须亲自抓，并且要负总责。各级党委和政府应成立人口与计划生育领导小组，由主要领导同志任组长，组织协调各有关部门、有关方面共同做好计划生育工作"。[①] 各地方也陆续出台了"一把手负总责""一票否决"实施办法等

---

① 转引自路遇、翟振武主编：《新中国人口六十年》，中国人口出版社 2009 年版，第 817 页。

相关文件。与这个原则直接关联的是"人口目标管理责任制"的工作机制，每年各级领导都要与上级计划生育主管部门签订人口和计划生育"责任状"。生育控制目标成为衡量各级领导工作政绩的主要指标，如果指标完不成，则对其他政绩实施"一票否决"。计划生育工作"一票否决"制度有利于地方计划生育工作，但因计划生育工作绩效直接影响到地方官员的升迁，因此许多地方政府官员为了完成人口指标，在生育控制上采取了严厉控制手段。

1992 年，邓小平南方谈话明确了建立社会主义市场的改革路线，但市场经济的发展对计划生育工作带来挑战。为了应对形势的变化，1994 年 3 月时任国家计生委主任的彭珮云同志提出了"三不变"工作方针："在建立社会主义市场经济体制过程中，必须坚持不懈地抓好计划生育工作，绝不能有丝毫放松，要坚持现行计划生育政策不变，既定的人口控制目标不变，党政一把手亲自抓、负总责不变"①。与此同时，计划生育的工作思路和方法也出现了变化，国家计生委提出了"三为主"的工作思路和"三结合"的工作方法。"三为主"是以宣传教育为主、以避孕节育为主、以经常性工作为主。"三结合"是将计划生育工作与发展农村经济相结合，与帮助群众勤劳致富奔小康相结合，与建设文明幸福家庭相结合。

1995 年，联合国在开罗召开了"世界人口与发展大会"，提出"生殖健康"概念，强调计划生育与生殖健康的关系。在这个背景下，国家计生委提出了工作思路和工作方法的"两个转变"②，即由以往就计划生育抓计划生育向与经济社会发展紧密结合，采取综合措施解决人口问题转变；由以社会制约为主向逐步建立利益导向与社会制约相结合，宣传教育、综合服务、科学管理相统一的机制转变。要求"以单纯完成人口计划、控制人口规模过快增长为主要内容的计划生育工作应该过渡到为育龄人群提供全面、优质服务的轨道上来"。这标志着我国计划生育工作从直接的生育控制向寓服务于管理的转型。

2015 年中央决定实施"全面二孩"政策以后，计划生育工作再次转

---

① 彭珮云：《中国计划生育全书》，中国人口出版社 1996 年版，第 479 页。
② 同上，第 232 页。

型，从生育控制转变为鼓励按政策生育。时至今日，中国计划生育政策的历史使命已经完成，已经到回归计划生育本意的时候了。计划生育的原本含义是夫妇根据社会经济环境和自己的具体情况而负责任的生育，其中包括了避孕、怀孕、生育等生殖健康的各个方面。应该从以下三个方面认识计划生育的性质：第一，从个人和家庭角度看，计划生育是一项家庭计划安排，是提高家庭福利、增进家庭幸福的重要途径，是促进生殖健康的重要手段；第二，从社会角度看，计划生育是一种基本的、普遍的、长期的社会需求；第三，从政府角度看，计划生育是一项直接服务于人民的社会事业，是一项改善民生、促进人口长期均衡发展的公共政策。

第五节　计划生育政策的贡献及带来的问题

在世界第一人口大国全面实行计划生育，是一场宏大的政策实践，也是一场深刻的社会变革，对国家、社会、家庭和个人的影响都至深、至广、至远。对于我国计划生育政策得失的评价需要从历史的、客观的、科学的、长期的角度展开。

一、计划生育政策的贡献

计划生育政策对我国人口发展的贡献主要体现在以下几个方面：

第一，计划生育政策提前启动和加速生育率转变。如第三章所述，我国的生育率转变是在社会经济欠发达的条件下开始的，这主要是由于计划生育政策推动的结果。虽然 20 世纪 70 年代之前在大城市已经出现了计划生育的社会需求，生育率也出现了下降，但对于一个当时 90% 以上的人口都生活在农村和中小城市的我国而言，如果没有计划生育政策的干预，生育率转变的开启肯定要推迟一段时间。另外，计划生育政策大大缩短了人口转变时间，在很短的时间内实现了人口低增长，大大减轻了经济起飞阶段的人口增长压力。

第二，计划生育政策带来的生育率快速下降开启了一个人口低抚养比时期，增强了人口的生产性，促生了潜在的人口红利。尤其重要的是，生育率转变和人口抚养比迅速下降是先于改革开放发生的，因而从丰富的劳动力供给和储蓄能力的提高两个方面为经济高速增长创造了有利条件。改革开放推动的经济发展带来对劳动力的巨大需求，使得丰富的劳动力资源得到了有效利用，使我国收获了丰厚的人口红利。

第三，计划生育政策减轻了女性生育负担，为她们的工作和发展创造了有利条件。早在20世纪50年代，一些妇女为了工作和自身发展就提出了计划生育的要求，1953年邓小平曾指示卫生部采取措施满足妇女的计划生育需要。在计划生育政策规定下，女性一生中只生育一个或两个孩子，进而大大缩短了女性生命周期中的育儿时间，延长了有效工作时间，促进了女性自身的发展。

第四，计划生育工作中的生殖健康服务促进了人口健康素质的提高。计划生育公共服务针对群众需求，提供"优生、优育"教育、信息、咨询和服务，如孕前的优生检查与保健、出生缺陷的干预等。这些工作都促进了人口健康素质的提高。

二、独生子女政策和"一孩半政策"带来的问题

实行计划生育是一项利国利民之举，如果一直采取20世纪70年代初"一个不少，两个正好，三个多了"的生育政策，虽然生育率下降速度会慢一些，但从长期来看，对个人、家庭和社会经济发展都会更为有利。但是，在社会经济不发达的情况下实行严格的生育政策（独生子女政策和"一孩半政策"），是一种急刹车式的行动，必然会带来一系列的人口和社会震荡，个人和家庭、社会和政府都为此付出了沉重的代价。

一是快速老龄化和高度老龄化。老龄化是人口转变的必然结果，但老龄化的速度和程度则取决于人口转变（生育率转变）的速度。严格的生育政策虽然在前期创造了一个超低抚养比时期，但随之而至的则是快速老龄化和高龄化。快速老龄化和高龄化对于我国社会经济发展是一个极为不利的因素，也给民生带来负面影响。在微观层面上，独生子女父母进入老年后将面临家庭照料资源严重不足的问题，尤其是"失独"家庭和独生子

女、伤残家庭会陷入更严重的困境。

二是出生人口性别比失衡。20世纪80年代，"重男轻女"传统观念还非常流行，而90年代以来的社会经济变迁加剧了社会性别差异。在这样的文化和社会环境中，严格的生育政策必然会造成一些人对孩子的性别选择。虽然存在着女孩漏报现象（一些夫妻为了保住生男孩的指标，将生育的女孩隐瞒不报），但因产前性别选择而导致的出生人口性别比严重失衡是一个不争的事实。

三是实行严格计划生育政策初期的粗暴、强制性手段损害了人民群众的利益，激化了基层的干群矛盾，降低了政府的公信力，并成为一些国家诟病中国政府的把柄，直接影响到中国政府的国际形象。除此之外，许多地方把一些重要的民生权利与计划生育直接挂钩，造成了一些方面的社会不公。

四是一些地方官员在"计划外超生罚款"后改为"社会抚养费"收缴上的不规范、不公正，甚至有从中谋取私利的做法，在社会上造成恶劣影响。

五是严重影响了生育统计数据的质量，进而直接影响到对人口形势的判断和人口政策决策。其中不仅仅是个人瞒报，而且还有计划生育管理部门的数据造假。

《第五章》

从人力资源大国走向人力资本大国

教育是立国之本，也是兴国之道。一个国家人口受教育水平标志着社会文明进步程度，同时也代表一个国家的发展实力和潜力。新中国成立以来，尤其是改革开放以后，人口受教育水平取得了巨大进步，实现了从人力资源大国向人力资本大国的转变。

第一节 人口受教育水平的提高

中国人口的受教育水平曾经处于非常落后的状态，1949 年，全国人口当中有超过 80% 的人是文盲，经过 70 年的努力，中国人口的平均受教育程度已经超过了世界平均水平。

一、文盲率的下降和识字率的提高

新中国成立后，党中央和政府高度重视人民教育。1950 年，中共中央召开了全国工农教育会议，决定开展"扫盲"。1952 年，大规模的扫盲运动在全国范围内展开。1956 年中共中央和国务院发布了《关于扫除文盲的决定》，扫盲班遍及乡村、街道、工厂、部队。1986 年 4 月，全国人大通过了《中华人民共和国义务教育法》，1988 年，国务院发布《扫除文盲工作条例》，1992 年，国家教育委员会发布《中华人民共和国义务教育法实施细则》，这些法律法规有效地减少了新文盲的出现，使得文盲率持续下降。

人口学家黄荣清（2009）根据全国人口普查数据估算，1982 年，全国 12 岁及以上人口的文盲率降到了 34.90%，文盲人口减少到 2.3 亿人；2000 年，文盲人口减少到 8699 万人，文盲率下降到 9.08%。在此期间，女性人口的文盲率从 48.86% 下降到 13.47%（见表 5 – 1）。根据世界银行（World Bank Database）的数据，1982 年中国 25 ~ 64 岁①的文盲人口共计 1.56 亿人，占世界同年龄组文盲人口的 27.8%，2000 年这个比例下降到 8.2%，2010 年进一步下降到 4.4%，文盲人口减少到 2246 万人。

表 5 – 1　　　　　中国人口文盲率的变动　　　　　单位：%

年份	文盲率		
	全国	男性	女性
1982	34.90	20.80	48.86
1990	22.21	12.98	31.93
2000	9.08	4.86	13.47

资料来源：黄荣清：《中国各民族文盲人口和文盲率的变动》，载于《中国人口科学》2009 年第 4 期。

在文盲率下降的同时，成年人识字率不断提高。1982 年，全国 15 岁及以上人口的识字率达到 65.56%，超过了中等收入国家的平均水平（64.25%），与世界平均水平基本持平；2010 年，识字率达到了 95.12%，高于上中等收入国家平均水平，超过世界平均水平 14.45 个百分点（见表 5 – 2）。

表 5 – 2　　　　15 岁及以上人口识字率的国际比较　　　　单位：%

地区	1982 年	1990 年	2000 年	2010 年
中国	65.56	77.79	90.92	95.12
中等收入国家	64.25	70.86	79.31	86.64
上中等收入国家	73.33	81.54	90.54	93.84
世界	65.59	67.17	75.91	80.67

资料来源：World Bank，Database：Eudcation Statistics。

① 2010 年，这个年龄组人口或者是在新中国成立以后达到学龄，或者是在新中国成立以后出生。

二、平均受教育年限的增加

平均受教育年限是反映人口教育素质的基本指标。中国人口平均受教育年限是从非常低的水平上起步的，根据世界银行的估算，1970 年中国 50～54 岁、55～59 岁、60～64 岁人口的平均受教育年限分别只有 0.91 年、0.59 年和 0.57 年。这些人在 1949 年的年龄都超过了 28 岁，这表明 1949 年成年人口的平均受教育年限还不到 1 年。

新中国成立后，教育事业获得了较快的发展，人口平均受教育年限持续增加。1970 年，15 岁及以上人口的平均受教育年限为 3.58 年。改革开放之后，15 岁及以上人口平均受教育年限增加的速度开始加快（见图 5-1），1990 年增加到 5.59 年，平均基本达到了小学毕业水平；2017 年增加到 9.60 年，平均超过了初中毕业水平。

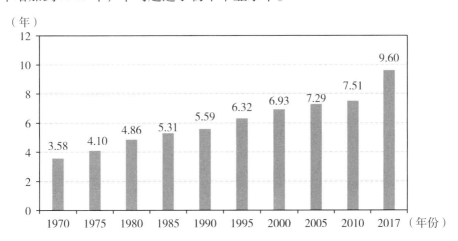

图 5-1　15 岁及以上人口平均受教育年限的变化

资料来源：1970～2010 年的数据引自 World Bank，Database：Eudcation Statistics；2017 年数据是 "中工网"（news. workercn. cn）发布的。

中国人口素质的提高在青年人口受教育水平上体现得更为充分，图 5-2 呈现的是 20～24 岁青年人口的平均受教育年限，从中可以看到，在各个年份上都是年龄越低，平均受教育年限越高。与图 5-1 中数据比较可以发现，青年人口的平均受教育年限显著多于 15 岁及以上人口整体的平均受教育年限，这些数据都反映出中国教育事业的发展。

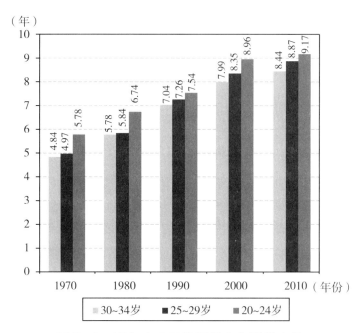

图 5 - 2　青年人口平均受教育年限的变化
资料来源：World Bank，Databse：Eudcation Statistics。

三、人口受教育结构的提升

　　人口受教育结构是指各种受教育程度人口的分布，人口受教育结构提升是指接受过更多教育的人在人口中的占比提高。1982 年第三次全国人口普查结果显示，在总人口中，接受过大专及以上教育的人口比重为 0.58%，接受过高中教育的人口比重为 6.44%，接受过初中教育的人口比重为 17.28%，接受过小学教育的人口比重为 34.42%，未上过学和参加过扫盲班的人口占比 41.28%。由此可见，1982 年中国人口的受教育结构处于低层次状态。2000 年第五次全国人口普查和 2010 年第六次全国人口普查结果所呈现的人口受教育结构，出现了显著提升（见图 5 - 3）。2000 年，全国 6 岁及以上人口中受过高等教育的人口比重提高到 3.8%，受过高中教育的人口比重提高到 8.57%，未上过学的人口比重下降到 9.54%，人口分布众数从 1982 年的小学程度提升到初中程度。2010 年，人口受教育结构有更大程度的改善，全国 6 岁及以上人口中受过高等教育的人口比重上升到 9.5%，受过高中教育的人口比重上升到 15%，未上过学的人口比重下降到 5%。

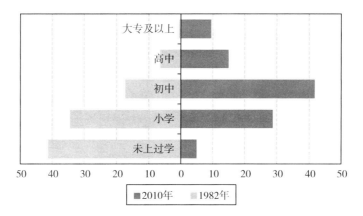

图 5 - 3　1982 年和 2010 年人口受教育构成

注：1982 年是各受教育程度人口占总人口比重，因此未上过学的人口比重偏高。
2010 年是各受教育程度人口占 6 岁及以上人口比重。

资料来源：根据 2000 年和 2010 年全国人口普查数据计算。

15 ～ 34 岁青年人口的受教育结构发生了更大的变化（见图 5 - 4）。
2000 ～ 2010 年期间，青年人口中受过高等教育的人口比重从 6.0% 提高到
17.9%，受过高中教育的人口比重从 17.6% 提高到 23.8%，未上过学的人
口比重从 2% 下降到 0.7%。

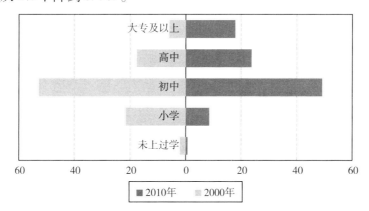

图 5 - 4　2000 年和 2010 年 15 ～ 34 岁青年人口受教育构成

资料来源：根据 2000 年和 2010 年全国人口普查数据计算。

第二节　入（升）学率和平均预期受教育年限

入学率和升学率是反映教育发展状况的动态指标，其水平直接决定了

未来人口受教育状况的变化。平均预期受教育年限，是指在某一时期（或某一年）入学率和各级学校升学率水平上，平均每个学龄前儿童一生中预期接受教育的年限。这个指标是反映教育发展状况的综合指标。在新中国70年的历史中，中国的教育走过了一条从提高学龄儿童入学率到普及九年义务教育，再到实现高等教育大众化的发展道路。

一、学龄儿童入学率

中国学龄儿童净入学率的变化如图5-5所示。新中国成立初期，学龄儿童当中有一半以上没有上学，1952年的入学率只有49.2%，在之后的几年中，入学率迅速提高，1958年达到了80.3%，短短的6年里就提高了31个百分点。但是，这个发展进程在1958~1963年期间被中断，儿童入学率出现了下降，1962年曾跌到谷底（56.1%）。由此可见，1958年的"大跃进"和1960~1962年发生的粮食危机给教育也带来了不利影响。1965年，儿童入学率再次提高到80%以上，达到了84.7%。由于1966~1973年的数据缺失，我们无法判断这个时期入学率的变化，但基本可以肯定的是，"文化大革命"对小学教育也造成了冲击。1973年儿童入学率再次出现提高，1974年达到93%，1976年进一步提高到97.1%。虽然1979~1983年期间入学率略有下降，但都保持在93%~94%的水平。1986年，入学率回升到97%以上，之后稳步提高，1993年

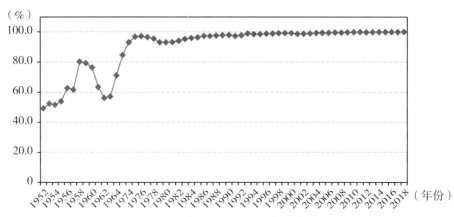

图5-5 学龄儿童净入学率的变化

资料来源：国家统计局国家数据库。

超过 98% 、1996 年超过 99% 、2010 年达到 99.8% 、2014 年达到 99.9% 、2018 年达到 100% 。

二、小学和初中升学率

小学升学率的变化比较波折（见图 5 - 6），根据国家统计局的数据，1952 年的小学升学率为 96% ，这在当时应该是很高的升学率，但 1957 年和 1962 年的小学升学率分别只有 44.2% 和 45.3% ，即有一多半的孩子在读完小学后就辍学了。造成这种反差的一个重要原因是当时农村地区的初中教育资源匮乏。1952 年的儿童入学率虽然不到 50% ，但入学的儿童应该都是在城市和社会经济发展程度比较高的农村，这些地区初中教育资源相对比较丰富，儿童的学历目标基本上是至少读完初中。而随着小学教育面向农村发展，儿童入学率迅速提高，但因农村缺少初中教育资源，导致许多孩子在小学毕业后就结束了学业。1963 年以后，小学升学率开始迅速提高，1965 年达到 82.5% ，但"文化大革命"期间出现下降，直到 1970 年才回升到 71.2% ，1975 年进一步提高到 90.5% 。20 世纪 70 年代末和 80 年代，小学升学率再次进入低谷期，最低的时候只有 66.2% 。直到 1992 年《中华人民共和国义务教育法实施细则》颁布后，小学升学率才再次回升到 80% 以上，1995 年超过 90% ，2001 年超过 95% ，2004 年超过 98% ，之后基本上在 98.3% ~ 100% 之间波动。2004 年以来，儿童入学率和小学升学率基本上都保持在 99% 的水平，这表明，中国已经完全实现了九年义务教育的目标。

在中国，高中不属于义务教育，因此初中升学率在很长一个时期内都处于比较低的水平（见图 5 - 6）。20 世纪 50 年代和 60 年代初，初中升学率只有 30% 左右，直到 1965 年才提高到 70% ，但"文化大革命"后期的 1970 年和 1971 年分别只有 38.5% 和 38.6% 。虽然 1975 年曾跃升到 60% ，但 1978 年又回落到 40.9% ，1981 年更是降到了 31.5% ，退回到 50 年代的水平。直到 1990 年，初中升学率才开始提高，20 世纪末超过了 50% ，2003 年接近 60% ，2007 年超过了 80% ，2013 年达到 91.2% ，2014 年超过了 95% 。初中升学率之所以在很长时间内都处于低

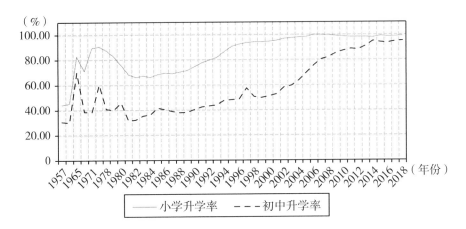

图 5 − 6 1957 ~ 2018 年小学升学率和初中升学率的变化

资料来源：国家统计局国家数据库。

水平，其中有两个主要原因，其一是有很多农村孩子初中毕业后就进入劳动力市场；其二是高等教育招生数量在 1999 年扩招之前一直比较少，高考的激烈竞争使得许多学生放弃上高中。我们从图 5 – 6 中可以看到，初中升学率是从 2000 年开始进入持续大幅度提高的轨道，这与高校扩大招生规模有着直接关系。

三、高中升学率的变化

高中升学率取决于高等教育招生规模，由于招生规模的限制，直到恢复高考 12 年之后的 1989 年，高中升学率才达到了 24.6%，即 3/4 以上的学生在读完高中后就结束了学业。进入 20 世纪 90 年代，随着高校招生规模的逐步扩大，高中升学率也不断提高，1996 年曾达到了 51%，之后的两年略有下降，但高校开始扩招的 1999 年，高中升学率就跃升到 63.8%，2003 年超过了 83%。2006 年教育部对招生政策进行调整，减少了招生规模增长幅度，高中升学率也随即回落，2007 年降到 70.3%。直到 2011 年，高中升学率又回升到 83.3%。从 2015 年开始，高中升学率超过了 90%，这标志着中国进入了高等教育大众化阶段（见图 5 – 7）。

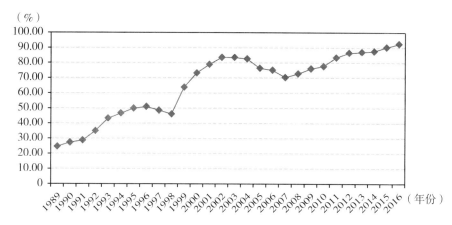

图 5 - 7　1989 ~ 2016 年中国高中升学率的变化

资料来源：国家统计局国家数据库。

四、平均预期受教育年限的提高

根据联合国教科文组织（UNESCO）的估算，2010 年中国学生从小学
到高等教育的平均预期受教育年限为 12 年，2013 年增加到 13.58 年，高
于中等收入国家和世界平均水平，与上中等收入国家的平均水平仅相差
0.25 年，但是，与高收入国家相比还有很大的差距（见图 5 - 8）。2013 年
以后，中国的各级学校升学率又有了显著提高，因此可以肯定的是，2019
年的平均预期受教育年限已经超过了 14 年。这表明，中国的学龄儿童未
来都可以获得高等教育。

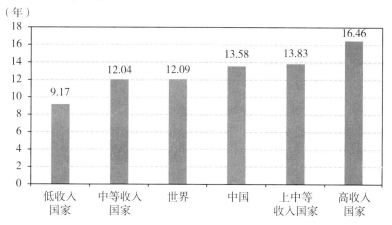

图 5 - 8　2013 年中国、世界和各收入组国家的平均预期受教育年限

资料来源：UNESCO，Database：UIS。

第三节 高等教育的发展和高级人才的培养

与义务教育不同，高等教育的目标是培养具有专业知识和技术的人才，受过高等教育的人才是科学发展和技术进步的中坚力量。在当今世界，高等教育的发展状况代表着一个国家的真正实力。

一、普通高校招生规模的扩大

改革开放之前，中国高等教育的规模非常小，并且几经周折。1949年，全国高校招生规模只有3.1万人，50年代有显著的增加，1960年增加到32.3万人，但之后的几年都减少了一半，1966~1969年甚至停止了招生。1970年开始招收"工农兵学员"，但招生数量依然很少。

1977年恢复高考制度，中国的高等教育重新进入正常的发展轨道（见图5-9），1977年和1978年普通高校分别招收了27.3万名和40.2万名大学生。这两年招收的学生包括"文化大革命"十年期间被耽误的学生。从1979年开始，高校招生基本上都是来自应届高中毕业生，招生规模又减少到不足30万人。1982年以后，普通高校招生数量开始显著增长，80年代末和90年代初基本保持在60万左右的规模。进入90年代，招生数量增长加快，1993年突破了90万人，1997年达到了100万人。1999年开始实行扩招政策，招生规模迅速扩大，2000年超过220万人，2005年突破500万人，2008年突破600万人，2014年突破700万人。2018年，普通高校招生规模达到了791万人，比1949~1987年期间的招生总数还要多。

二、普通高校毕业生人数的增加

中国普通高校毕业生人数的变化与招生人数的变化完全一致（见图5-9）。1949年，全国普通高校毕业生总共2.1万人，1952年增加到3.2万人，1964年增加到20.4万人。由于"文化大革命"期间有几年没有招生，

1971 年的大学毕业生只有 6000 人。1982 年，1977 年恢复高考后的首批大学生和第二批大学生毕业，毕业生总数达到了 45.7 万人。1986 年以后，大学毕业生出现了较快的增长，1995 年超过 90 万人，2001 年突破 100 万人。因 1999 年的扩招，2003 年大学毕业生达到了 187.7 万。自此以后，大学毕业生增长呈现"井喷"之势，2005 年突破 300 万人，2008 年突破 500 万人，2011 年突破 600 万人，2018 年增加到 753.3 万人。

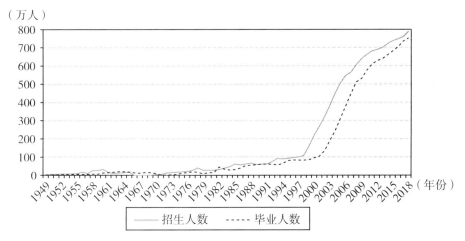

图 5 – 9 普通高校招生人数和毕业人数的变化

资料来源：国家统计局国家数据库。

进入 21 世纪以来，中国普通高校毕业生总数已达到 9655 万人，他们是 21 世纪上半叶中国社会经济发展的主力军。不仅如此，这个数量级的大学毕业生直接带来了全国人口平均受教育年限的增加和受教育结构的优化。

三、研究生数量的增长

硕士研究生和博士研究生是国民教育体系中培养的高级人才。在改革开放之前，中国的研究生可谓是"凤毛麟角"，1949 年全国只招收了 242 名研究生，毕业研究生只有 107 人。20 世纪 50 年代和 60 年代初，平均每年研究生招生人数只有 1500 多人，其中招生人数最多的是 1953 年（2887 人），最少的是 1958 年（275 人）。1949～1965 年全国总共招收了 23399 名研究生，1966～1977 年期间没有招生。1949～1969 年总共毕业了 20336 名研究生，1970～1977 年没有毕业生。

　　1978 年恢复招考研究生，共招收了 10708 名研究生，这些研究生大多是尚未毕业的大学生。1982 年恢复高考后的首批大学生毕业，其中一些人报考研究生，这一年共招收了 11080 名研究生。从 1982 年开始，研究生招生规模进入了波动增长阶段，1985 年增加到 46871 人，之后又出现回落，1989 年较少，只有 28569 人。1990 年，招生人数再次开始增加，1999 年增加到 92225 人。1978～1999 年，全国共招收 79.8 万名研究生，平均每年招收 3.63 万人；共毕业 53.3 万人，平均每年毕业 2.42 万人。由此可见，这个时期是中国研究生教育的起步阶段。

　　从 2000 年开始，中国的研究生教育进入了快速发展阶段，招生规模迅速扩大（见图 5－10）。2000～2018 年期间，共招收 912.5 万名研究生，平均每年招收 48 万人；共毕业 659 万人，平均每年毕业 34.7 万人。博士是国民教育体系中的最高学位，1981 年正式建立学位制度以来，招收博士生总数超过 116 万，有将近 80 万人获得了博士学位。

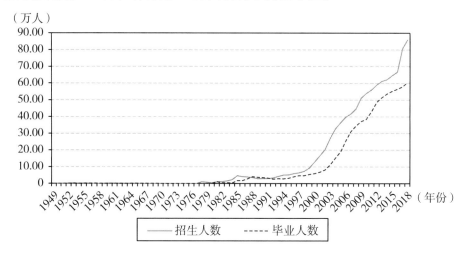

图 5－10　研究生招生人数和毕业人数的变化
资料来源：国家统计局国家数据库。

四、高等教育的性别平等

　　中国人口受教育状况改善的一个重要特征是教育的性别平等，体现在女性受教育水平的快速增长。女性受教育水平的提高具有特殊的社会价值和经济意义。在中国，女性一直是社会经济发展的重要力量，同时也是家庭收入的重要贡献者，女性接受高等教育水平的提高不仅有力地促进了女性发展和社会性别平等，同时也增加了中国的人力资本积累。

图 5-11 呈现了 20 世纪 80 年代以来中国大学入学率的性别平等程度的提高趋势。1980 年，大学入学率的性别指数（男性 = 100）仅为 0.34，2008 年的性别指数出现了逆转，提高到 1.02，表明女性的大学入学率超过了男性，2017 年进一步提高到 1.21。从图 5-12 中的国际比较数据可以看到，2017 年中国的大学入学率性别指数值明显高于世界平均水平和除高收入国家以外的各收入组国家的平均水平，而且与高收入国家的差距非常小。联合国教科文组织的数据也显示，自 2012 年以来，中国大学生中的女生占比超过男生，2017 年达到了 52.4%。

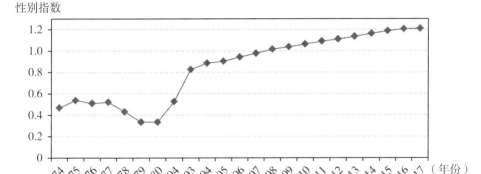

图 5-11　中国大学入学率性别指数的变化

注：高等教育性别指数是男性和女性大学入学率的比值（男性 = 100）。
资料来源：World Bank，Databse：Education Statistics。

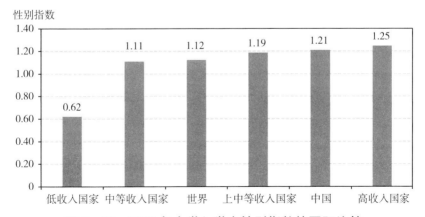

图 5-12　2017 年大学入学率性别指数的国际比较

资料来源：World Bank，Databse：Education Statistics。

　　进入 21 世纪以来的中国高等教育的迅速发展具有划时代意义，它不仅标志着中国高等教育实现了大众化，更重要的是它显著提升了中国人口素质，促进了中国从人力资源大国向人力资本大国的转变，为走向人力资本强国奠定了基础。

第六章

人口老龄化及其社会经济影响

在人口转变结束之后，中国的人口老龄化开始加速，老年人口迅速增长。老龄化将成为未来几十年甚至更长时期影响中国发展的一个重要人口因素，在给中国的经济社会带来挑战的同时，也蕴含着新的发展机遇。

第一节　人口老龄化变化趋势

一、人口老龄化的含义和阶段划分

老龄化是人口年龄结构变化的一种状态，即老年人口占总人口的比重提高的过程。因此，老龄化是老年人口数量与其他年龄人口数量相对变化的结果。导致老年人口绝对数量增长的原因是死亡率的下降，死亡率下降一方面可以使更多的人存活到老年，另一方面可以使老年人的寿命延长。导致老年人口相对数量增长的原因是生育率下降和低生育率，在生育率下降和低生育率情况下，少儿人口增长率下降，甚至出现负增长，进而相对提高了老年人口比重。除此之外，对于一个区域而言，人口迁移和流动也是导致老龄化的原因，因为年轻人迁移流动率显著高于老年人口，如果一个区域大量流失年轻人，那么这个区域的老龄化水平就会显著提高，我国农村地区的人口老龄化正面临着这样的局面。

关于老年人口的定义有两种：其一是把65岁及以上人口定义为老年人

口；其二是把 60 岁及以上人口定义为老年人口①。关于人口老龄化发展程度的判断，目前基本上都是引用联合国 1956 年发表的研究报告《人口老龄化及其经济和社会影响》提出的人口年龄结构类型的划分标准，即如果依照老年人口占总人口比例这个指标判断，当一个国家人口中 65 岁及以上人口比例达到 7%，该人口的年龄结构就可称为老年型。后来，为了适应发展中国家的情况，联合国又提出了老年人的年龄下限的另一个标准，即 60 岁，老年型年龄结构的标准也相应变更为老年人口比例为 10%。这个标准在中国被进一步引申为进入老龄社会的标准，即当 60 岁（或 65 岁）及以上老年人占总人口比重达到 10%（或 7%）时，就进入了老龄社会。需要注意的是，老龄化只是人口年龄结构变化的一个方面，在老龄化发展前期阶段的人口年龄结构还有另一个重要变化，即人口抚养比的降低。换言之，人口老龄化和人口抚养比降低在人口年龄结构变化的特定阶段是同时存在的。对于中国而言，老龄化和抚养比下降并存阶段起于 20 世纪 70 年代初，1970 年老年人口比重开始提高，1974 年劳动年龄人口比重开始提高，抚养比开始下降，终于人口抚养比开始提高、劳动年龄人口比重开始下降的 2011 年。

老龄化进程并非只由一种力量推动，因为老龄化是以老年人口占总人口比重来衡量的，老龄化是老年人口与其他年龄人口相对变化的结果，因此，有三个推动老龄化的力量。第一个力量是生育率下降导致出生人口减少，此时即使老年人口增长缓慢甚至没有增长，老年人口比重也会提高；第二个力量是老年人口的增长；第三个力量是长寿，即老年人存活的年龄更高。由人口变化的内在机理和历史逻辑所决定，一个人口的老龄化过程是分别由不同的力量递次推进的，或者说，在老龄化发展的不同阶段，推动老龄化的主导力量并不相同。据此，可以把老龄化过程划分为前期阶段、中期阶段和后期阶段。在老龄化的前期阶段，推动老龄化的主导力量是生育率的下降，中期阶段的主导力量是老年人口的增长，后期阶段的主导力量是长寿。

二、中国人口老龄化进程

中国的人口老龄化起始于 20 世纪 70 年代初，65 岁及以上老年人口比

---

① 除特别说明外，本书所指的老年人口是 65 岁及以上人口。

重开始微幅提高。当时的人口年龄结构还属于年轻型，1970 年老年人口比重仅为 3.76%，而少儿人口比重则高达 40.36%。1971 年，中国的生育率转变在计划生育政策的推动下启动，随着生育率转变，少儿人口增长率大幅下降，许多年份甚至出现负增长，而老年人口一直处于增长之中（见图 6 – 1）。少儿人口减少和老年人口增长的相反格局导致了少儿人口比重不断下降，老年人口比重持续提高（见图 6 – 2）。

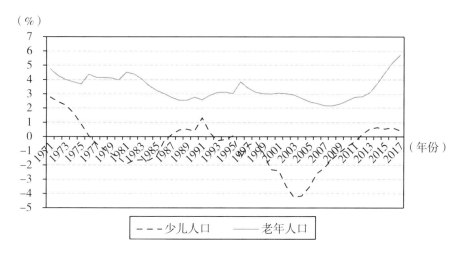

图 6 – 1　1970～2017 年中国老年人口、少儿人口增长率的变化

资料来源：World Bank，Health Nutrition and Population Statistics。

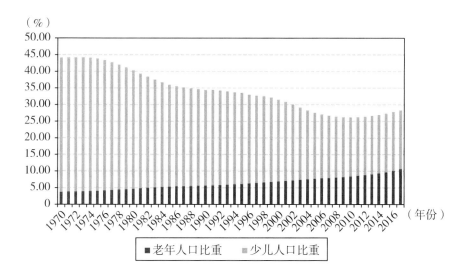

图 6 – 2　1970～2017 年中国老年人口比重和少儿人口比重的变化

资料来源：World Bank，Health Nutrition and Population Statistics。

到目前为止，中国人口老龄化经历了以下几个阶段（参见图 6 – 3）：

（%）

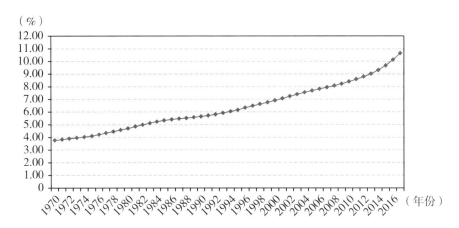

图 6 – 3　1970～2017 年中国人口老龄化水平的提高

资料来源：World Bank，Health Nutrition and Population Statistics。

1. 老龄化缓慢发展阶段（1970～1992 年）

这个阶段的老龄化非常缓慢，65 岁及以上老年人口比重从 3.76% 提高到 5.82%，总共提高了 2.06 个百分点，平均每年提高幅度不到 0.1 个百分点。在这个阶段，老年人口从 3078 万人增加到 6774 万人，增加了 1.2 倍，平均每年增加 168 万人。与此同时，14 岁及以下少儿人口从 33025 万人增加到 33171 万人，仅仅增加了 0.44%，平均每年仅增加不到 6.6 万人。由此可见，生育率下降导致的少儿人口极其缓慢的增长是这个阶段老龄化提高的主要原因。

2. 老龄化小幅提速阶段（1993～2010 年）

如果从进入老龄社会的时间考虑，这个阶段可以分为两个时期：第一个时期是 1993～2000 年，老年人口比重在 2000 年达到 6.91%[①]；第二个时期是 2001～2010 年，2001 年老年人口比重提高到 7.07%，标志着中国人口开始进入老龄社会，2010 年老龄化水平达到 8.40%。从老龄化发展速度看，这两个时期都高于前一个阶段，但彼此之间的差别并不大，老龄化水平在第一个时期平均每年提高约 0.14 个百分点，在第二个时期平均每

[①] 2000 年 60 岁及以上老年人口比重达到 10%，据此，许多学者认为 2000 年中国已进入了老龄社会。

年提高约 0.15 个百分点。从 1993 年开始，老龄化的速度开始提高，2000年老年人口比重上升到 6.91%，平均每年提高将近 0.14 个百分点。在此期间，老年人口增加到 8723 万人，平均每年增加 243.6 万人，少儿人口减少了 2073 万人，平均每年减少 258 万人。从 1992 年开始，中国进入了后生育率转变阶段，生育率进一步下降。因此，这个阶段推动老龄化的主要力量是低生育率。在 1993～2010 年期间，老年人口总共增加了 1626 万人，达到 8400 万人，平均每年增加 90 万人，增长幅度明显低于前一个阶段（见图 6-1）。而少儿人口在此期间总共减少了 9295 万人，平均每年减少516 万人。少儿人口大幅度减少的原因是从 20 世纪 90 年代后期开始的长期低生育率。因此，推动这个阶段老龄化的主要力量是后生育率转变时期的低生育率。

3. 老龄化明显加速阶段（2011 年至今）

2011 年和 2012 年是中国人口年龄结构变化具有转折意义的年份：2011 年，人口抚养比变化出现拐点，抚养比从前一年的 34.2 提高到 34.4，从而终结了持续了 30 多年的下降过程；2012 年，15～64 岁劳动年龄人口占总人口的比重开始下降，其绝对规模从 2013 年开始减少。与此同时，少儿人口比重开始稳定，老年人口增长开始加速。2010 年以后少儿人口比重在 17% 左右的水平上稳定下来，少儿人口出现了缓慢增长，而老年人口的增长则不断加速，2016 年、2017 年和 2018 年的增长率都超过了 5%，是迄今为止的最高水平。导致老年人口增长加速的原因是 20 世纪 50 年代生育高峰期出生的人口开始陆续进入老年。2011～2018 年期间老年人口比重提高了 3.5 个百分点，平均每年提高 0.44 个百分点。这表明中国人口老龄化进入了以老年人口增长为主要动力的加速发展阶段。2018 年，老年人口规模达到 16658 万人，老龄化水平达到 11.9%。

三、中国老龄化未来发展趋势

从 2011 年开始的老龄化快速发展态势将会持续到 2040 年。根据联合国中方案最新预测，2040 年中国的老年人口将比 2011 年增加 2.3 亿人，年平均增长率为 3.82%，平均每年净增 794 万人（见图 6-4）。在此期间，20 世纪 50 年代和 60 年代出生人口将全部进入老年。在老年人口快速增长的同时，总人口将在 2028 年左右开始负增长，这两种相反的变化趋势进一步提高了老龄化的发展速度，老龄化水平在 2040 年将达到 23.7%，平均每年提高 0.5 个百分点（见图 6 - 5）。与前一个阶段相比，未来 20 年的老龄化速度提高了 3 倍。中国老龄化的动力机制已经转变为以老年人口增长为主导力量。

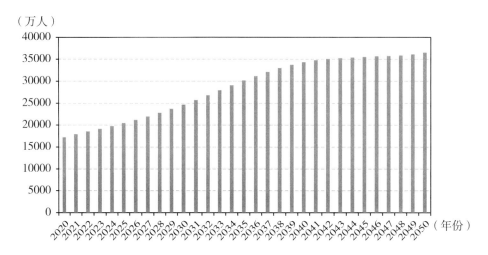

图 6 - 4 2020 ~ 2050 年中国 65 岁及以上老年人口增长趋势

资料来源：United Nations，World Population Prospects：The 2019 Revision。

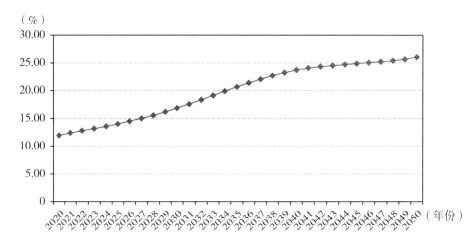

图 6 - 5 2020 ~ 2050 年中国人口老龄化变化趋势

资料来源：United Nations，World Population Prospects：The 2019 Revision。

2040 年以后，20 世纪 50 年代和 60 年代出生人口基本上都走完了生命历程，其子女一代（计划生育时期出生）开始进入老年，两代之间出生率的巨大落差导致了老年人口增长速度的锐减，因此，2040～2050 年期间老年人口将平均每年增加 218 万，年平均增长率只有 0.44%，老龄化进入了平缓发展阶段。这个阶段的老龄化是以长寿为主导力量的老龄化阶段，也可称为高龄化阶段。到目前为止，学术界对于高龄化或者高龄社会的标准还没有一个明确的定义，或者被普遍接受的定义。考虑到这个情况，可以基于历史观察归纳出可用于判断的标准。我们选择了两个参照系，一个是高收入国家平均水平，另一个是目前世界上最长寿的国家日本。之所以选择这两个参照系，是因为其老龄化进程远远走在了其他国家和地区的前面，并可以呈现一个完整的老龄化过程。选取的参照指标包括：第一，出生时平均预期寿命达到 80 岁；第二，60 岁时平均预期寿命达到 25 岁；第三，80 岁及以上老年人口在总人口中占比达到 5%；第四，80 岁及以上老年人在 65 岁及以上老年人口中占比达到 25%。日本在 2006 年同时满足了这四个条件，高收入国家在 2005 年满足了第三个条件，在 2019 年满足了第四个条件，在 2012 年和 2024 年满足了第一个和第二个条件。如果放松第二个条件①，高收入国家整体上应该是在 2019 年进入高龄社会。日本和高收入国家的情况表明，上述四个指标水平之间具有高度的协同性和一致性，因此可以用作高龄化或高龄社会的标准。按照这个标准，中国将在 2040 年左右进入高龄社会。根据联合国中方案预测，2040 年中国人口出生时平均预期寿命将达到 80 岁，60 岁时的平均预期寿命将达到 22 岁；80 岁及以上老年人在总人口中占比在 2041 年将达到 4.96%，在 65 岁及以上老年人口中的占比将达到 20.9%。

四、中国人口老龄化的特点

作为世界第一人口大国，中国是拥有老年人口数量最多的国家，人口老龄化进程对世界人口老龄化将产生重要影响（见图 6-6）。2015 年，中

---

① 高收入国家 2015～2020 年 60 岁时平均预期寿命为 24.5 岁。

国老年人口占世界老年人口的比重为22.6%，即世界上每5个老年人当中就有1个是中国人，这个比重将在2040年提高到26.4%，即世界上每4个老年人当中就有1个是中国人。2040年以后，中国老年人口增长放缓，在世界老年人口中的占比也将开始下降，2050年将下降到23.6%。

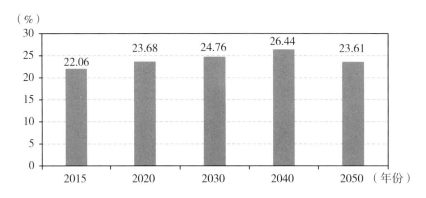

图6-6 中国老年人口占世界老年人口比重的变化
资料来源：United Nations，World Population Prospects：The 2019 Revision.

从全球的视角看，中国的人口老龄化具有以下几个特点：

第一，中国是世界上老龄化速度最快的国家之一。日本曾经是世界上人口老龄化速度最快的国家，而中国人口老龄化速度与日本几乎相同。65岁及以上老年人口比例从7%上升到10%，中国和日本同样都只用了15年时间，从10%上升到14%，日本用了9年时间，中国很可能也只用9年时间。2016年中国老年人口比重为10.12%，2025年将达到14.03%，其后，这个速度还将保持一个时期，9年之后的2035年将提高到20.68%，2046年将超过25%，届时每5个人当中就有1个老年人。

第二，中国是在经济尚不发达的情况下进入老龄社会的。老龄化速度最快的日本在老龄化比例达到7%、10%和14%时的人均GDP分别为1967美元、11335美元和38555美元。而中国65岁及以上老年人口比例达到7%的2000年，人均GDP只有850美元；2015年中国65岁及以上老年人口比例超过10%，而人均GDP只有8000美元左右。因此，中国是在一个经济相对不发达的情况下而不得不提前面对一个老化的人口年龄结构，许多人把这个特点概括为"未富先老"。人口与经济关系的主要方面已经从人口数量与经济增长之间的关系，转变为人口年龄结构与经济高质量发展之间的关系。

第三，中国的农村人口老龄化更为严重。由于很多年轻人从农村迁往城市，农村人口老龄化程度高于城市是世界上的普遍现象，而中国的特殊性在于：当进入老龄社会时，城镇化水平刚刚超过50%，这意味着在中国进入老龄化社会时有一多半的老年人口是生活在农村。根据2010年第六次人口普查结果，农村人口年龄在65岁及以上人口比重为10.06%，高于镇7.98%和城市7.68%的水平。而且农村的养老、医疗和社会公共服务等方面落后于城市。因此，农村面临着更为严峻的老龄化压力。

第四，中国的老龄化与社会民生制度安排之间存在着较为严重的失衡。这种失衡主要表现在三个方面：一是社会养老保障制度安排与老年人经济需求之间的矛盾；二是医疗卫生制度安排与老年人医疗需求之间的矛盾；三是养老公共和社会服务供给与老年人生活需求之间的矛盾。

第二节　老龄化带来的挑战

老龄化是21世纪的世纪议题，也是世界议题，有越来越多的国家正在面对或即将面对老龄化的挑战。对于中国而言，老龄化也是一个长期的、全面的挑战。

从长期来看，不断加速的人口老龄化将从多个方面影响到我国经济的持续增长能力。首先是劳动力的减少，进而改变劳动力供求关系格局；其次是抚养比不断提高，劳动力的负担和成本加大，储蓄能力下降；最后是劳动力年龄结构"老化"，严重影响到劳动生产率。这些影响都会在一定程度上削弱我国经济的竞争力，并进一步影响到经济可持续增长的活力。

一、劳动年龄人口负增长

人口老龄化给中国经济带来的第一个挑战是劳动年龄人口的负增长和劳动力年龄结构的老化。国家统计局的数据显示，从2014年开始，曾经长期保持增长势头的劳动年龄人口转为负增长，到 2018 年底共减少了 1112 万人；从 2017 年开始，全国经济活动人口开始减少，2018 年全国就业人员开始减少，这些情况都是长期以来的首次出现。这些数据都表明中国的劳动力供给进入了减少时代。根据联合国的中方案人口预测（见图 6–7），在未来 30 年，中国 15～64 岁劳动年龄人口将减少 1.76 亿；2050 年劳动年龄人口规模将缩减到 8.38 亿，相当于 1996 年的规模，但是老年人口数量却是 1996 年的 4.64 倍，多出 2.87 亿人。

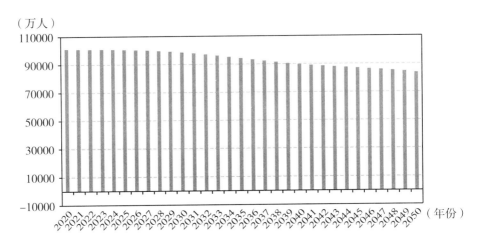

图 6–7　中国劳动年龄人口未来减少趋势

资料来源：United Nations，World Population Prospects：The 2019 Revision。

劳动力市场对于劳动力供给形势变化的反应更为灵敏。早在 2003 年，中国东部沿海地区就已经开始遭受局部性劳动力数量短缺问题的困扰。当劳动力短缺的消息首次出现时，许多学者和企业认为这可能只是一种暂时的现象，但十多年过去了，东部沿海地区的劳动力数量短缺问题已演变为一种经济现象。在华美国商会 2006 年 1 月发布的一个的报告认为，不断上升的劳动力成本使美国制造业企业在中国的利润下降了 48%。深圳当代社会观察研究所提供的数字显示，在某些科技含量较低的行业，劳动力流失率已经接近 50%。广东省有大约 250 万个工作岗位没有人来填充。与此同时，江苏、浙江和山东等省也同样面临着缺乏合格工人的局面。但是，东部沿海地区的缺工现象却有助于企业提高工人的工资待遇并改善工人的工作条件。因此，从短期来看，由于中国工人的劳动生产率在过去一直保持增长，劳动力成本上升并不会削弱中国产品的竞争优势；但是，从长期来看，要想继续保持中国劳动力资源的竞争优势，就必须进一步提高工人的劳动生产率，这就需要不断加大对工人的技能培训，提高工人的素质，用劳动力的素质提高去替代劳动力数量不足的不利影响。

总的来看，在长期低生育率的情况下，中国的劳动力供求形势正在发生根本性的转变，过去所认为的无限的劳动力供给正在远离中国。从现在开始，我们不仅应该思考如何为更多的人提供就业岗位，而且也应该思考如何应对在某些地区、行业和部门所出现的劳动力短缺问题，劳动力资源从数量上来说也不再是取之不尽和用之不竭了。同时，如果无法保持适当的城镇化发展速度，城镇地区就会受到劳动力数量不足问题的困扰。

二、抚养比持续提高

由于劳动年龄人口负增长和老年人口加速增加，中国人口抚养比变化在 2017 年出现了拐点，进入了持续提高的通道。联合国的中方案预测结果显示，中国人口抚养比将在 2032 年超过 50，2039 年超过 60，2050 年提高到 67 以上（见图 6－8）。在其他条件一定的情况下，人口抚养比提高意味着人口生产能力和储蓄能力下降，劳动成本上升。与此同时，人口抚养比的结构也在发生变化：一方面是 15 岁以下少儿人口抚养比的缓慢下降，

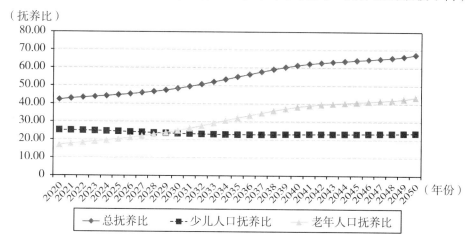

图 6－8　中国人口抚养比未来变化趋势

资料来源：United Nations，World Population Prospects：The 2019 Revision。

另一方面是老年人口抚养比的快速提高。2029 年老年人口抚养比将超过少儿人口抚养比；2050 年老年人口抚养比将提高到 43.61，相当于 2023 年的总抚养比，比少儿人口抚养比高出 84.32%，表明未来的人口负担主要是老年人。一方面，这种结构性转变将给社会保障和其他公共支出带来沉重压力。另一方面，如果不能建立一个有效的涉老公共服务体系，家庭也会面临沉重的养老负担，加剧劳动力的"工作—家庭"平衡的紧张状态，进而影响劳动参与率和劳动生产率。

三、劳动力年龄结构老化

由于生育率转变的影响，中国劳动年龄人口的年龄结构自 1990 年以来一直处于老化之中（见图 6-9）。1990 年，20~34 岁年轻劳动力在劳动年龄人口中的占比接近 50%，50~64 岁劳动力占比为 13.87%；2010 年，前者下降到 39.51%，后者提高到 22.83%。未来的劳动年龄人口老化趋势将进一步加剧，2021 年 50~64 岁人口占比将超过 20~34 岁人口占比；2050 年 20~34 岁人口占比将下降到 26.77%，50~64 岁人口占比将提高到 35.93%。

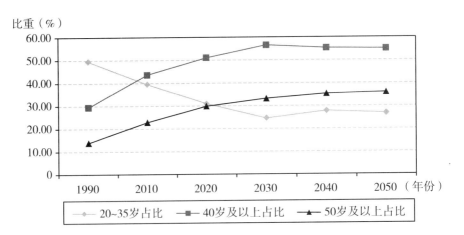

图 6-9　中国劳动年龄人口的年龄结构变化

资料来源：United Nations，World Population Prospects：The 2019 Revision。

劳动力的老化对于中国经济而言是一个不利因素，尤其是在经济技术结构转变时期。第一，年轻人是推动技术进步和新技术传播的主要力量，如果劳动力中的年轻劳动力数量大幅度减少，将会削弱全社会的技术创新能力。第二，如果技术进步、企业制度安排和劳动力市场弹性不能使较大年龄的劳动力保持劳动生产率，那么劳动力的老化会导致整个经济的生产效率下降。第三，如果不能建立一个有效的终身学习和培训体系，较大年龄的劳动力将难以适应技术进步和产业结构优化导致的劳动力市场需求变化，进而导致失业率提高。第四，年龄较大劳动力的迁移倾向较低，当劳动力市场供求关系的空间格局发生变化时，很可能造成劳动力配置效率下降。

第三节　老年消费与老龄产业政策

老龄化对市场供给与需求、社会投资消费及储蓄、政府财政收支等方面将产生深远影响，应对人口老龄化因此也上升到国家战略的层面。

一、老年消费需求影响因素

老年人的需求是老年产业发展的基础，因此研究老年产业发展的逻辑起点应该是老年人的需求。我们需要探讨的问题是：什么是老年人需求？老年人需求的决定因素是什么？

一般来说，对消费需求可以有不同意义的理解：从一般意义上理解的需求是指一个人在特定的社会环境中的生存需求、发展需求和精神需求；而严格的经济学意义上的需求是指"有支付能力"的需求，即有效消费需求。所以，这两种意义上的需求并不相同，也不相等。但是，它们之间存在着密切的联系。这种联系的表达如下：前一种意义上的需求决定了后一种意义上需求的内容，后一种意义上的需求决定了前一种意义上需求实现的程度和实现的方式。也可以说，前者是潜在的需求，后者是现实的需求。就老年产业发展而言，我们在这里所讲的需求可以具体定义为老年人的有效消费需求。这种消费需求包括两个方面：物质消费需求和精神消费需求。前者满足老年人的生理需要，后者满足老年人的心理或精神需要。

（一）一般意义上老年人需求的特点

前面我们只是从一般意义上讲需求，如果具体到老年人的需求时，我们需要判别的是老年人需求的特点。与其他年龄的人相比，老年人的需求有如下特点：

第一，生理变化导致的需求下降。当一个人进入老年后，由于身体进入了衰老阶段，其活动范围和频率都大大缩小和下降，因此诸如饮食等方面的需求将会大大降低（G. J. Stolnitz，1992）。

第二，社会角色转变导致的需求下降。当一个人进入老年后，其社会角色会发生很大变化（如退休），而基于原来社会角色的需求（如与工作有关的服装、应酬、交通等方面的支出，以及用于人力资本方面的投入）将会由于这些角色的丧失而减少，甚至消失。

第三，健康保健、延年益寿方面的需求将会大大增加，而这种需求的增加会给消费市场带来两方面的影响：一是对健康保健品和服务的需求增长；二是对不利于老年人健康的一些消费品（如烟、酒）的需求将会减少。

第四，对生活服务的需求增加。随着年龄的增长和身体的衰老，老年人的自理能力将会减弱，这就需要其他人的劳动或商品的替代，进而导致了生活服务需求的增长。

第五，老年人精神消费需求。精神消费需求是老年人消费需求的基本内容之一。老年人的精神消费需求有两个特点：一是老年人在其一生中形成的精神消费需求倾向和内容一般来说比较稳定，这种需求是原来需求的延续；二是进入老年后才产生的新的精神需求。应该注意的是我国的一些老年人虽然退出了原来的活动领域，但是他们仍然有丰富的精神活动，而闲暇时间的充裕可以使他们在更大程度上满足这种需求。家庭经济学认为，在家庭效用生产中，精神消费活动是时间密集型的家庭产品。当一个人的闲暇时间十分短缺的时候，精神消费的成本昂贵，因此时间成为限制人们精神消费的主要因素。但是当一个人退休以后，其闲暇时间大大增加，进而大大降低了精神消费的时间成本。因此，与其他年龄人口相比，老年人的精神消费需求不一定少，而可能会更高。

第六，老年人需求差别。不同老年人的需求及其变化既有相同或相似的方面，也有不同的方面。这种差别一是因为老年人的身体状况方面的差别，二是因为老年人的社会经历、文化程度、宗教信仰、家庭规模和家庭结构、生活安排方式、居住地等差别。

（二）老年人的有效消费需求

老年人有效消费需求取决于两个方面：一是老年人收入水平；二是老年人消费倾向。既然有效消费需求是指有支付能力的消费需求，那么收入水平就是有效消费需求的首要决定因素。在这一点上，老年人与其他年龄人口的有效消费需求并无差别。但是老年人仍然有其特点，这就是老年人收入的来源及其构成。与社会保障制度比较健全的发达国家相比，我国老年人的稳定收入（有保障的收入）来源十分有限，除了在城市地区的老年人基本上有比较稳定的收入外，生活在农村地区的老年人绝大多数没有稳定的收入来源。由此可知，收入水平低和收入不稳定是制约我国老年人消费的关键因素。然而随着20世纪60年代以后出生的人口逐步进入老年，以及社会养老保险的日益完善，未来老年人的收入水平将有所提高。

老年人的消费倾向是指当收入水平或价格水平发生变化时，其消费需求的变化。老年人的消费需求倾向与年轻人有很大的差别，从理论上讲可能由于以下原因：

第一，老年人的消费主要基于现期收入。年轻人的消费倾向很大程度决定于其预期收入，而不是现期收入。但老年人因其未来收入增长来源有限，他们的消费倾向在更大程度上取决于现期收入的变化，而不是预期收入的变化。因此，信贷消费在老年人中难以流行，而且，基于风险方面的原因，厂商和金融机构也不愿给老年人提供消费信贷，特别是长期消费信贷。

第二，老年人消费倾向较低。当收入水平提高时，人们一般会增加消费，即消费倾向为正值。但是老年人的消费倾向一般会比年轻人低，这种现象源于老年人和年轻人之间的消费结构差别。一般而言，消费品可以分为三大类：生活必需品、人力资本投资品和精神享受品，或者按照马斯洛对人类需求的分层：生存需求、发展需求和享乐需求。这三类消费品或三种需求层次的收入弹性和价格弹性是不同的。其中生存需求或生活必需品需求的收入弹性和价格弹性都要低于后两类需求和消费品。例如，当收入水平提高时，人们会增加对生活必需品的支出，一方面他们会增加这类消费品的需求数量，另一方面他们会用优质品替代劣质品。但是当收入进一步提高时，人们往往不会再增加这类消费品上的支出，而是增加另外两类消费品的支出，以满足第二和第三层次的需求，而这两类需求的收入弹性和价格弹性都具有较高的水平。由于在老年人的消费需求中第一种需求所占的比例显然高于年轻人，这就意味着老年人的消费需求的总体弹性要小于年轻人。

第三，老年人的消费行为比年轻人节俭。在社会经济不断发展和进步的条件下，年轻人所处的时代总比老年人年轻时所处的时代收入水平更高、消费内容更丰富、消费环境更佳，而老年人在艰苦时代养成的节俭习惯一般会伴随其一生。因此，在有稳定收入来源的条件下，随着收入水平的提高，老年人的消费水平不一定按相应的比例提高，其储蓄水平也不一定会下降。事实上，在一些发达国家，老年人的储蓄水平要明显高于年轻人（G. J. Stolnitz，1992）。

综上所述，由于老年人的消费需求、收入水平和收入来源稳定性、消费倾向、消费行为等方面的特点，使得老年人的消费水平一般要低于劳动年龄人口的消费水平。

老年产业发展的需求基础有两个方面：其一是由老年人私人支出而形成的消费需求；其二是政府用于老年人事业的公共支出形成的消费需求。对于老年产业的发展而言，后者具有非常重要的意义。在现代社会中，各国政府（特别是发达国家的政府）花费在老年人身上的公共支出都达到相当大的数量（杜鹏，2000）。但是我国政府在这方面的公共支出还相对较少。

此外，一个国家老年人消费需求总量的决定因素中还包括老年人口规模。简言之，在老年人消费水平一定的情况下，老年人的消费总需求及其增长将取决于老年人口规模及其增长。在未来的几十年中，我国的老年人口将会一直处于持续的快速增长之中，并将成为拉动我国老年人社会消费总需求增长的关键因素。

二、老龄产业政策的发展

发展老龄产业是应对老龄化战略的重要组成部分，老龄产业是实体支撑，产业政策不可或缺。老龄产业政策是国家机关制定并实施的，指导和规范与老龄化相关的产业，实现更好地应对人口老龄化的一系列政策总和。老龄产业政策具有一定的特殊性，应对人口老龄化、发展老龄产业涉及医疗资源整合、社会保障完善、基础设施建设等多个方面，需要各部门、跨行业跨领域的协调与配合。

（一）中国应对老龄化战略总体进展

应对人口老龄化战略历来受到党和国家的高度重视，历次党的代表大会和政府工作报告中都对老龄问题和老龄工作提出了要求。早在 1982 年，中国政府就成立了"中国老龄问题全国专业委员会"，提出"老有所养，老有所医，老有所为，老有所学，老有所乐"的目标，标志着老龄工作正式纳入政府的工作日程。1987 年，党的十三大明确提出，"要注意人口迅速老龄化的倾向，及时采取正确的对策"。1996 年，第八届全国人大常委会第二十一次会议审议通过《中华人民共和国老年人权益保障法》，为日后中国老龄政策的制定和实施提供了法律基础。世纪之交，中共中央、国务院发布了《关于加强老龄工作的决定》，提出老年服务业的发展要走社会化、产业化的道路。鼓励社会各方面力量积极参与、共同发展老年产业。

进入 21 世纪，人口老龄化进程持续加快，应对人口老龄化战略逐步确立并完善。党的十八大报告提出"积极应对人口老龄化，大力发展老龄服务事业和产业"，是首次在全国代表大会中提到人口老龄化以及老龄产业，意味着应对人口老龄化和发展老龄产业被提高到国家战略的层面。党的十八届三中全会公报《中共中央关于全面深化改革若干重大问题的决定》中提到"积极应对人口老龄化，加快建立社会养老服务体系和发展老年服务产业"，这是党的十八大报告关于人口老龄化方面内容的延续，再一次强调了市场在应对人口老龄化中起到的重要作用。党的十九大报告《决胜全面建成小康社会，夺取新时代中国特色社会主义伟大胜利》提到

"积极应对人口老龄化，构建养老、孝老、敬老政策体系和社会环境，推进医养结合，加快老龄事业和产业发展"，在更进一步肯定积极应对人口老龄化、发展老龄事业和产业的同时，较之前的党的十八大报告和党的十八届三中全会公报的内容还是有一些变化。首先，增加了医养结合的内容。由于老年病的易发性和多发性，使得很多情况下对老年人的看护和医疗难以分割，要求养老资源和医疗资源的整合。其次，提出要构建政策体系。这说明中国的老龄政策以及老龄产业政策还不成熟、未成体系，老龄产业的发展还需要更多的政策支持。最后，提出加快老龄事业和产业发展。党的十八大以及党的十八届三中全会的报告较多关注的是老龄服务事业和产业，党的十九大转变为更加全面的老龄事业和产业，这意味着关注点将扩展到老龄用品、老龄金融、老龄房地产、老龄教育、老龄旅游等多个领域。

党的十九大对中国社会经济的中长期发展和深化改革做出了重大的战略部署。在积极应对老龄化方面，提出"促进生育政策和相关经济社会政策配套衔接，加强人口发展战略研究。积极应对人口老龄化，构建养老、孝老、敬老政策体系和社会环境，推进医养结合，加快老龄事业和产业发展"。这成为未来中国积极应对老龄化的基本战略思想。

（二）老龄产业政策的发展历程

21世纪以来中国的老龄产业政策大体上经历了三个阶段。第一阶段是从进入21世纪之初到2012年。这一阶段的老龄产业政策开始逐渐引导老年服务业走向产业化道路，发挥市场在资源配置中的作用，鼓励民间资本积极参与到老年设施的建设和养老服务的提供中去。具体措施包括税收、信贷、财政支持、土地保障等方面的政策优惠。第二阶段以2013年《国务院关于加快发展养老服务业的若干意见》的发布为标志到2016年的上半年。这一阶段提出要降低养老服务机构准入门槛，加速老龄产业发展、持续扩大产业规模。进一步完善扶持养老服务业发展的投融资政策、土地供应政策、税费优惠政策、补贴支持政策、人才培养政策和就业政策等。除此之外，还要推进医疗机构和养老机构的合作，并对创新老龄产业的业务模式进行积极探索。第三阶段是从2016年底国办发布的相关政策文件和2017年初国家老龄事业发展和养老体系建设"十三五"规划出台开始。

这一阶段较之前最大的变化是政策转向老龄产业的体系化建设。具体来说，丰富养老服务产业新模式、新业态，鼓励金融、地产、互联网等企业进入养老服务产业，支持老龄产业与健康、养生、旅游、文化、健身、休闲等产业融合发展。同时，还要求提升老龄用品的科技含量和品质，提升老龄服务的质量和效率。

从 2000 年到 2017 年，老龄产业政策的总体趋势是老龄产业的政策内容越来越广，政府对老龄产业的支持力度越来越大，市场在资源配置中发挥的作用越来越强。政策内容从以老龄服务业为主，逐渐扩展到老龄用品、老龄金融、老龄房地产、老龄旅游等多个领域；政策支持从税费优惠减免、土地供应保障，逐渐延伸到发展投资融资、直接补贴、人才培养等多个方面；引入民间资本方式从鼓励社会力量投资兴办，到推动民间资本通过独资、合资、合作、参股、联营、租赁等多种模式。

（三）老龄产业政策存在的问题

中国老龄产业政策从新世纪初至今已有了很大的发展，政策内容日趋全面，政策体系也日趋完善，然而仍然存在一些问题，包括政策体系不完整、政策融合度不够、政策操作性不强。

政策体系不完整主要体现在两个方面。首先，重要产业政策内容方面的缺失或不足。从老龄产业政策出现伊始，政策始终在强调老龄服务业方面，后来又加入了老龄用品业，乃至 2013 年《国务院关于加快发展养老服务业的若干意见》中系统地表述为老年生活照料、老年产品用品、老年健康服务、老年体育健身、老年文化娱乐、老年金融服务、老年旅游等，然而在老年体育健身、老年文化娱乐、老年金融服务、老年旅游、老年教育等多方面的政策内容仍然不足。老年用品业和老年房地产业等领域甚至至今也没有出台专门的产业政策。其次，老龄产业政策并未充分考虑跨地区跨人群差异。中国的农村地区和城市地区的老龄产业发展环境差别很大，东中西三个地区的情况也各有不同，老龄产业政策未能充分考虑到城乡和各地区的经济发展差异。另外，高龄老人和低龄老人在对老龄服务、老龄用品以及其他方面的需求不尽相同，产业政策也未能对此进行深入细化的讨论。

政策融合度不够是政策体系不完善的直接表现。由于中国当前还未形成一套较为完善的老龄产业政策体系，这导致中央和地方、各地方之间、各管理部门之间各有各的政策，各种政策之间难以统一、缺乏协调。个别政策甚至存在互相矛盾，难以形成促进老龄产业发展的合力。比如，《国务院关于加快发展养老服务业的若干意见》中明确提出鼓励个人举办家庭化、小型化的养老机构，但是中国大部分地方对养老机构的建设补贴、运营补贴以及税费减免等优惠，都是针对床位数量众多的大型养老机构。再比如，《中国保监会关于开展老年人住房反向抵押养老保险试点的指导意见》提到老年人住房的反向抵押养老保险，但《物权法》并没有明确赋予房屋所依附的住宅建设用地的权属，这导致了保险公司在开展住房反向抵押养老保险时不得不考虑政策风险（吴玉韶、党俊武等，2014）。

目前中国老龄产业政策的政策目标与具体、明确、可操作性的政策措施未能有机统一。政策文本普遍存在定原则、定口号的条款多，具体目标、实施细则的量化规定少的现象，这导致了老龄产业政策的可操作性不强。比如，在鼓励社会资本进入时提出社会资本通过独资、合资、合作、联营、参股、租赁等途径，采取政府和社会资本合作（PPP）等方式参与医疗、养老、体育健身设施建设和公立机构改革，而股份占比如何分配、退出机制如何设计、企业权益如何保障、行政问责如何体现等问题均没有提及。再比如，关于老龄服务业发展的一些政策文本，都提出要加大对养老服务业发展的投入，但是遵循什么样的标准投入、投入多少、如何分担等都缺乏量化的规定。老龄产业政策的制定和执行缺乏过程视角，只是侧重文本创造，难以发挥应有的效力（吴玉韶、党俊武等，2014）。此外，老龄产业政策操作性不强的另一原因是缺乏足够的利益诱导，与市场的结合不足，缺乏"市场友好型"的产业政策。从事老龄产业的企业首先是企业，企业是需要盈利的，产业政策过于强调行政性忽略了市场性，使得许多政策无法落地。

第四节　构建健康的老龄社会

人口不断老龄化是人类社会发展的自然规律，世界上没有哪个国家能够幸免于人口老龄化的挑战。对于中国这样一个发展中大国来说，人口老龄化所带来的挑战主要体现在两个方面：一方面，人口老龄化所导致的劳动年龄人口比重下降和劳动年龄人口的结构老化将削弱经济的竞争力，建立在劳动力成本优势基础之上的经济增长面临着挑战；另一方面，人口老龄化将使人口的生产和消费结构向着不利于生产的方向变化，老年人口退出生产领域之后会变成消费人口和被抚养人口，他们获得收入的能力和水平下降，陷入贫困的概率会大大增加，能否为老年人口提供足够的收入支持面临着挑战。因此，要有效应对人口老龄化挑战，首先要能够继续保持经济快速增长，其次还必须尽快建立起能够覆盖城乡的社会养老保障体系。

一、保持劳动力资源的竞争优势

数量庞大和素质相对较高的人力资源是中国的最大竞争优势，也是中国经济持续增长的主要源泉和动力。要想使中国经济继续保持又快又好的增长，就必须继续保持中国劳动力资源的竞争优势。在劳动力人口数量无法维持增长的情况下，要保持中国劳动力资源的竞争优势，劳动力素质的改进就变得至关重要。因此，积极投资于人，大力开发人力资源，应该成为保持经济持续快速增长的重要战略举措。

从世界发展的经验来看，无论是美国在 1871~1913 年对英国成功的追赶，日本 1953~1992 年对美国的追赶，还是韩国等新兴工业化国家对西欧的追赶，这些后发国家无不在追赶的过程中大力发展教育，迅速缩小与被追赶国家劳动力素质的差距。目前，从受教育水平、受教育机会、教育资源的占有等方面来看，中国农村都远远落后于城市。在大城市中，教育资源丰富，教育体系完善，人均受教育水平较高；但是在贫困地区，仍存在大量的文盲和半文盲。在农村人口不断向城市转移的过程中，文化程度和人力资本存量较低同时又缺乏技能的人很难在城市中找到工作。因此，保持中国劳动力资源竞争优势的投资重点应该放在农村地区。

目前农村劳动力是城镇劳动供给的主要来源，要保持中国劳动力竞争优势就必须优先向这部分人投资，提高他们的综合素质和技能水平。为此，国家可以考虑在农村地区实施针对农村初中毕业生的职业技能培训补贴计划。在巩固农村九年制义务教育的基础上，鼓励在中小城市和乡镇建立针对农村初中毕业生的职业技能培训机构，对参加培训的农村初中毕业生给予必要的补贴。同时，要积极鼓励农村劳动力转移就业的区域协作。可以考虑在农村劳动力输入地和流出地之间建立起政府、企业以及培训机构等多层次、多方位的合作机制和渠道，提高农村新失业群体的职业技能，引导农村劳动力的有序转移，提高转移效率。

二、完善社会养老保障体系

在保持经济持续增长的条件下，应对人口老龄化的关键就是看能否建立起覆盖广泛的社会养老保障体系。

虽然中国有着依靠家庭养老的传统，但人口快速转变使得家庭结构和规模发生了巨大变化。20 世纪 80 年代以来，中国家庭的平均规模经历了剧烈的下降，同时，家庭结构也出现了核心化的趋势。在城市地区，家庭结构越来越趋于小型化和简单化。由于独生子女政策的影响，城镇地区普遍流行 4-2-1 的家庭结构，当独生子女长大婚嫁之后，不论选择什么样的居住方式，届时只会出现夫妻家庭、核心家庭、主干家庭和空巢家庭等，而不会再出现联合型的大家庭。结构和规模的变化意味着家庭已经不可能同时也越来越难以承担起对养老的职能，社会化的养老保障体系将成为保障老年人口基本生活的重要保证。

世界上发达国家的经验表明，要有效地应对人口老龄化的挑战，必须在人口老龄化高峰到来的至少前 20～30 年建立适当的社会养老保障制度。由于中国 20 世纪 60 年代生育高峰时出生的人口将在 2020 年前后陆续进入老年阶段，届时中国的人口老龄化进程会突然加速而逐渐达到人口老龄化高峰。总抚养比上升的趋势将随着时间的推移而呈现加速趋势，抚养比在达到最低点开始上升后，还要经过 10～20 年时间才会达到最高峰。这样算来，在人口老龄化高峰到来之前，我们有大约 10～20 年的准备时间。中国目前因此正处在建立社会养老保障体系最为有利的时期。如果从现在开始的 10 年左右时间内无法建立起适当的社会养老保障体系，人口老龄化高峰时期到来时就可能面临着老龄化的危机。

中国城镇的养老保险体系由三个部分（或层次）组成。第一部分是基本养老保险，第二部分是企业补充养老保险，第三部分是个人储蓄性养老保险。基本养老保险可称为第一层次，是指在劳动者年老或丧失劳动能力后，根据他们对社会所做的贡献和所具备的享受养老保险资格或退休条件，按月或一次性以货币形式支付的保险待遇，主要用于保障职工退休后的基本生活需要。企业补充养老保险是指由企业根据自身经济实力，在国家规定的实施政策和实施条件下为本企业职工所建立的一种辅助性的养老保险。它居于多层次的养老保险体系中的第二层次，由国家宏观指导、企业内部决策执行。职工个人储蓄性养老保险是由职工自愿参加、自愿选择经办机构的一种补充保险形式，也是中国养老保险体系的一个组成部分。总之，必须尽可能实现养老保险的广覆盖，从而让社会中大多数的人都能够享受制度的好处。

中国目前正处在经济发展的黄金时期，经济的持续、稳定和快速发展为中国应对老龄化挑战提供了有利的条件。随着改革的不断深入，养老保障体制的改革进程也将加快，中国有能力在人口老龄化高峰到来之前不断完善养老保障体系，从而成功应对人口老龄化的挑战。

第七章

城镇化和人口流动

城镇化是中国社会的一次深刻的历史变革。最近几十年，中国经历了快速的城镇化进程和大规模的人口流动，人口城乡分布格局发生了转变，城镇化水平已达到了 60%，超过了世界平均水平。

第一节 城镇化的意义

在中国，城镇化具有更为丰富、更为深刻的社会含义，它不仅仅是工业化的伴生物，不仅仅是人口分布的变化，也不仅仅是人们生活方式的转变，它实际上更是一场社会变革。

在新中国成立初期，人口城镇化处于非常低的水平，全国将近 90%的人口居住在农村，直到改革开放，城镇化的进程一直没有真正开始，这主要是因为计划经济时期长期实行的城乡分隔政策。1958 年 1 月全国人大常委会通过《中华人民共和国户口登记条例》将城乡居民区分为"非农业户口"和"农业户口"两种不同户籍，1964 年 8 月颁布的《公安部关于处理户口迁移的规定（草案）》严格限制农村人口迁往城市。在城乡分隔的户籍制度下，城市的大门就对占全国人口 80%以上的农村人口紧紧地关闭起来，社会形成了一种二元化的"板块结构"，其中有两个最主要的板块结构：城市—乡村板块结构和地区板块结构。这两种板块结构的基础都是城乡分隔、地区分立的户籍制度,以及与这种户籍制度捆绑在一起的教育、就业、医疗、住房、福利、社会养老和医疗保障等民生制度安排。改革开放之后,乡镇企业迅速崛起,在这样的背景下,1984 年 10 月国务院颁布了《国务院关于农民进入集镇落户问题的通知》,规定农民可以自理口粮进集镇落户,并同集镇居民一样享有同等权利,履行同等义务。严格的城乡分隔制度开始松动。1985 年 7 月,公安部颁布《关于城镇暂住人口管理的暂行规定》,同年 9 月开始实施居民身份证制度,这为农村剩余劳动力的转移打开了一条通道。但是,对于有数亿农村剩余劳动力需要转移的中国而言,小城镇的承载能力和乡镇企业对劳动力的吸纳能力十分有限。另外,经济高速发展对劳动力的需求迅速增加,农村剩余劳动力转移的经济意义日益突出。随着市场经济发展,虽然农村户籍人口还不能在城市落户,但城市劳动力市场已经对农村劳动力开放,出现了一支迅速增长的流动人口大军。在封闭了 20 多年之后,城市大门的重新开启无疑是当代中国的一场重大社会变革。当数以亿计的农村劳动者怀着改变自己命运的美好愿望奔向城市之时,就形成了一股强大的潮流,不仅冲破了中国计划经济体制下形成的城乡分隔的藩篱,而且改变了中国人口城镇化的进程。1978 年中国改革开放之初,城镇化水平只有 17.9%,全国有将近 8 亿人生活在乡村,而 2018 年城镇人口比例达到了 59.58%,城镇常住人口超过 8.3 亿人。

从城乡隔离到向农民打开城市大门,再到允许乡—城流动人口在城市安家落户,中国的人口迁移和流动政策发生了显著变化,并由此带来了一系列积极的社会经济效应。目前,中国已进入城镇化高质量发展的阶段,而且城镇化对新常态下的经济发展和社会发展具有特殊意义。破除城乡二元体制,化解城市内部二元结构矛盾,则成为现阶段城镇化发展的关键。党的十八大以来,中央加快了户籍制度改革的步伐。2012 年 2 月,《国务院办公厅关于积极稳妥推进户籍管理制度改革的通知》提出,要引导非农产业和农村人口有序向中小城市和建制镇转移,逐步满足符合条件的农村人口落户需求,逐步实现城乡基本公共服务均等化。2013 年中央一号文件提出,有序推进农业转移人口市民化,努力实现城镇基本公共服务常住人口全覆盖。2013 年 11 月,《中共中央关于全面深化改革若干重大问题的决定》指出,要"创新人口管理,加快户籍制度改革,全面放开建制镇和小城市落户限制,有序放开中等城市落户限制,合理确定大城市落户条件,严格控制特大城市人口规模"。[1] 2014 年 7 月，国务院正式发布《国务院关于进一步推进户籍制度改革的意见》，规定"要进一步调整户口迁移政策，统一城乡户口登记制度，全面实施居住证制度，加快建设和共享国家人口基础信息库，稳步推进义务教育、就业服务、基本养老、基本医疗卫生、住房保障等城镇基本公共服务覆盖全部常住人口。到 2020 年，基本建立与全面建成小康社会相适应，有效支撑社会管理和公共服务，依法保障公民权利，以人为本、科学高效、规范有序的新型户籍制度，努力实现 1 亿左右农业转移人口和其他常住人口在城镇落户"。[2]

在加快户籍制度改革的同时，中央制定了新型城镇化战略。2012 年 12 月，中央经济工作会议提出积极稳妥推进城镇化，着力提高城镇化质量。2013 年，中共中央制定了新型城镇化发展战略，2014 年 3 月中共中央、国务院颁布了《国家新型城镇化规划（2014—2020 年）》，提出走以人为本、四化同步、优化布局、生态文明、文化传承的中国特色新型城镇化道路，全面提高城镇化质量。要加快农业转移人口市民化，落实 1 亿非户籍人口在城市落户方案。新型城镇化道路的社会意义在于全体人民共享现代文明成果，促进人的全面发展与社会和谐进步。

第二节　城镇化的发展历程

城镇化简单地说是城镇人口占总人口比例不断增加的过程。新中国成立以来，有关城镇的定义或城乡界限的划分标准曾进行过多次调整，调整的方向主要是使市、镇的概念更加贴近功能城市的含义（Zhang et al.，2012）。目前，中国城镇人口主要由居住在"市"或者说城区人口和居住在"镇"或者说镇区人口两部分构成。居委会和村委会是组成城区和镇区的最基本空间单元。一旦某个居委会或村委会被划定为城区或镇区，则其常住人口就会被全部统计为城或镇人口。

---

[1] 引自人民网，http://cpc.people.com.cn/n/2013/1115/c64094-23559163.html。
[2] 引自中华人民共和国中央政府网，http://www.gov.cn/zhengce/content/2014-07/30/content_8944.htm。

一、城镇化发展的不同阶段

新中国成立之初，全国只有 86 个城市，城镇化水平仅为 10.6%，远低于当时的世界平均水平。而 2018 年中国城镇化率已接近 60%，城镇人口比 1949 年增加了 6 亿多人。1949 年以来，中国城镇化的发展过程大致可以分为四个阶段（见图 7 – 1）。

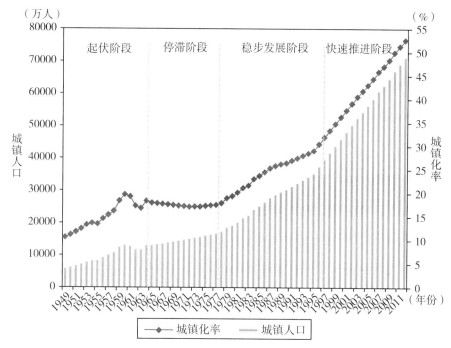

图 7 – 1　中国城镇化发展历程（**1949 ~ 2010 年**）

资料来源：根据《中国统计年鉴（2011）》数据计算。

第一，起伏阶段（1949 ~ 1965 年）。1949 ~ 1958 年，中国刚刚经历过战乱，国家急需发展经济，为了保障城市工业发展所需劳动力的充分供给，政府鼓励农村劳动力向城市流动。这一时期，城镇化率提高较快，城镇人口和城镇化率年均增长分别为 455 万人和 0.46 个百分点。1959 ~ 1965 年，由于经济发展战略失误、自然灾害严重和周边政治局势紧张，中国工业化和城镇化受到很大影响，其中 1959 ~ 1963 年城镇人口缩减了 1427 万人，城镇化率下降了 1.6 个百分点。

第二，停滞阶段（1965 ~ 1978 年）。这一时期，中国经历了"文化大革命"，城镇化进程基本停滞。城镇人口年均增长 2 个百分点，低于全国人口自然增长率，导致城镇化率下降 0.4 个百分点。这一时期，城镇年平均增加人口 323 万人，但城镇化率年均下降 0.03 个百分点。

第三，缓慢提高阶段（1978～1995 年）。改革开放初期，政府将经济建设作为工作中心，实施了一系列经济改革措施，推动了经济的快速发展，城镇化进展顺利。这一时期，城镇化率共提高 10.6 个百分点，年均提高 0.62 个百分点，年均增加城镇人口 1055 万人。

第四，快速推进阶段（1995～2018 年）。该阶段中国全面建立起市场经济体制，实现了经济高速增长，产业结构不断升级，工业和服务业发展成为城镇化的重要力量。这一时期是城镇化速度最快的时期，城镇化率提高超过 20 个百分点，城镇化率年均提高约 1.4 个百分点，城市人口年均增加超过 2000 万人。

从国际比较看，中国的城镇化是从 20 世纪 80 年代开始追赶世界的，发展速度明显高于世界平均水平和欠发达国家平均水平，2010 年超过了欠发达国家的平均水平，2015 年超过了世界平均水平，与发达国家平均水平的差距从 1980 年的 51 个百分点缩小到 2015 年的 22 个百分点。目前，中国已经进入城镇化发展的后半程。根据联合国的预测（United Nations，2018），中国的城镇化水平将在 2030 年达到 70%，2040 年达到 76%，2045 年超过 78%，届时中国将完成城镇化（见图 7－2）。

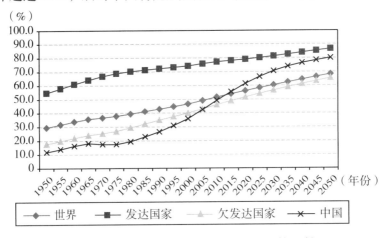

图 7－2 中国与世界城镇化发展趋势比较

资料来源：United Nations，World Urbanization Prospects：The 2018 Revision。

二、城镇化格局变动特征与趋势

在城镇化发展过程中，城镇人口增加并不会均等地分布在每个城市，因此，城镇化的格局必然会随城镇化进程而不断变化。

（一）城镇数量的增加

城市和镇的数量增长是中国城镇化迅速发展的重要依托。根据中国国家统计局 2008 年 11 月发表的一份报告，2007 年末，中国的城市数量达 655 个，比 1978 年增加 462 个，建制镇 19249 个，比 1978 年增加了将近 8 倍。在城镇数量增加的同时，城市的规模也在不断扩大，大城市的数量增长迅速。市辖区人口 200 万以上城市个数达 36 个，比 1978 年增加 26 个；100 万~200 万人口的城市达 83 个，比 1978 年增加 64 个；人口超过 500 万人的大城市有 20 个，其中，上海、北京、天津、重庆、广州、深圳的人口超过了 1000 万人。2007 年，中国地级及以上城市（不包括市辖县）年末总人口 37156 万人，比 1978 年增长 1.2 倍；行政区域土地面积为 62.2 万平方公里，比 1978 年增长 2.2 倍。中国筑城运动中最具代表性的城市是深圳，1979 年深圳被确立为经济特区时人口仅有 31 万人，现在已经发展成为拥有千万人口的特大城市。

（二）人口聚集"市化"和"镇化"

从绝对数量来看，中国城镇人口目前仍然主要分布在"市"中。国家统计局的数据显示，2010 年城区人口占城镇人口份额为 60.3%，城乡建设部数据显示，市区人口份额为 56.5%。但从变化趋势来看，城镇人口中市区人口的份额呈现下降趋势，镇区份额呈现上升趋势，镇区人口扩张在城镇化进程中发挥着日益重要的作用。根据国家统计局数据，1992~2010 年，市区人口比例从 81.4% 下降到 60.3%，镇区人口比重从 18.6% 上升到 39.7%；根据城乡建设部的数据，市区人口比重从 2001 年的 62% 下降到 2010 年的 56.5%，镇区人口比重从 38.1% 上升到 43.5%（见图 7-3）。

20 世纪 90 年代以来，城区人口增加对城镇化的贡献在逐步减弱，镇区的贡献在增加。1991~1995 年，城区人口对城镇人口增加的贡献率达到 86.3%，而镇区仅为 13.7%；1995~2000 年和 2000~2005 年镇区人口增

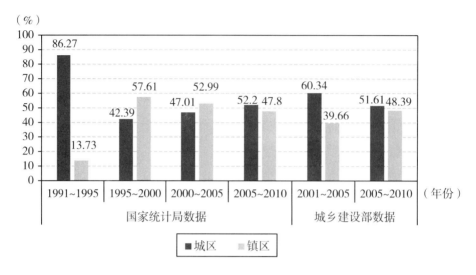

图 7-3 1991~2010 年中国城镇人口中城区和镇区人口比重的变化

资料来源：根据 1993~2011 年《中国人口统计年鉴》和 2001~2010 年《中国城市建设统计年鉴》数据计算。

加的贡献分别为 57.6% 和 53.0%，镇区人口增加的贡献明显提高，并超过了城区人口增加的贡献，说明这两个阶段的城镇化更多地表现为"镇"化；2005~2010 年城区和镇区的人口增加贡献率分别为 52.2% 和 47.8%，城市人口扩张贡献又超过了镇区。城乡建设部的数据显示了同样的趋势：镇区人口增加对城镇人口总规模扩张的贡献也在提高，2001~2005 年，镇区人口贡献率仅为 39.7%，而 2005~2010 年其贡献提高到 48.4%。由此可见，上述两套数据的具体结果虽然存在一定差异，但基本结论是一致的。在城镇化进程中，镇区人口扩张对城镇化的作用不断增强，当前的城镇化呈现由人口的"镇化"和"市化"共同驱动的特征。

事实上，"市"和"镇"的数量变化也在一定程度上反映了中国城镇化发展的特征。从数量上看，1978 年以来，"市"的数量增长很快，2010 年城市数量相当于 1978 年的 3.4 倍，其中县级市数量增长快于地级市和直辖市。同时，"镇"的数量增长更快，1978 年镇的数量仅为 2173 个，2010 年增加到 19410 个，相当于 1978 年的 9 倍。镇的数量大幅增加，一方面可能是人口聚集空间节点扩张后达到"镇"的标准，另一方面由于行政区划的调整，一些地方撤乡并镇。前者是合理的"镇化趋势"，后者则主要体现了政府的意志。

"市"和"镇"数量增加会带来其平均人口规模的变化。根据国家统计局数据，1978～2009 年"市"平均人口规模呈现出不断提高的趋势。2009 年为 53.3 万人，相当于 1978 年的 1.5 倍。"镇"平均人口规模呈现先缩小再扩大的趋势，1988 年平均人口规模为 1.2 万人，2003 年下降到 0.79 万人，这主要是由于"镇"的数量快速增加，从而导致镇平均人口规模下降。2003 年以后，"镇"的数量基本稳定，"镇"平均人口规模不断增加，"镇"的集聚人口效应开始增强。

总的来看，作为城市人口聚集的"市"和"镇"，人口在二者间的分布格局发生了重大变化。改革开放早期，城市人口主要分布在"市"，而且人口"市化"对城镇化的贡献居于支配地位，但人口"镇化"的贡献不断增强，其中，1995～2005 年甚至呈现"镇"化主导的过程。这样的"镇化"趋势既是人口自然聚集的结果，也是行政力量推动的结果。2005 年以后，市和镇的数量都不再增长，因"市"和"镇"数量增加带来的城镇化效应基本消失。

（三）城镇人口继续向东部沿海地区集中

根据全国第六次人口普查数据，中国区域间城镇化水平存在着明显梯度差，自东向西依次降低。2010 年，城镇化率排名前 10 位的省份中有 6 个属于东部地区，2 个位于东北地区。东部地区城镇化率较高的省份为上海、北京、天津、广东，城镇化率均超过 60%；东北地区的辽宁最高，超过 60%，吉林和黑龙江也超过 50%；中部地区的山西和湖北城镇化水平相对较高，城镇化率超过 45%；西部地区城镇化水平普遍不高，仅有重庆超过 50%，其他省份均在 45% 以下，西藏甚至低于 30%。

从城镇化区域格局发展趋势来看，东部地区发展最快，中、西部次于东部，东北地区发展最慢（见图 7 - 4）。1990～2010 年，东部地区城镇化率提高很快，提高幅度达 27.0 个百分点，中部和西部地区分别提高 20.2 个和 21.7 个百分点，而东北地区仅提高 9.0 个百分点。总的来看，东部地区不仅城镇化水平高，而且长期以来也是城镇人口的主要聚集地，其人口规模增加对全国城镇化率提高的贡献超过其他区域。1990～2010 年，东部地区的贡献率一直在 50% 左右，2010 年超过了 60%，中、西部地区贡献率次之，贡献率在 20% 左右，东北地区贡献最小，基本维持在 5% 左右（见图 7 - 5）。从发展趋势来看，东部地区城镇人口扩张对全国城镇人口增长的贡献呈现出波动上升的趋势，中部、西部和东北地区的贡献在波动下降。近年来，由于东部地区城乡一体化进程加快，内部人口聚集作用不断增强，东部地区对全国城镇化的贡献继续呈现上升趋势。

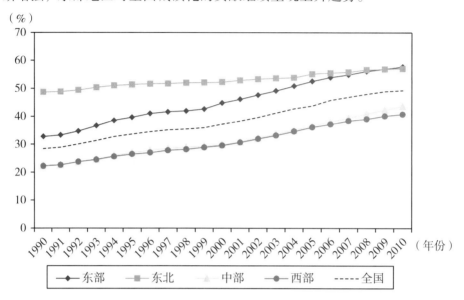

图 7 - 4　1990 ~ 2010 年中国分区域城镇化率变化

资料来源：根据 1991 ~ 2010 年《中国统计年鉴》和《中国 2010 年人口普查资料》数据计算。

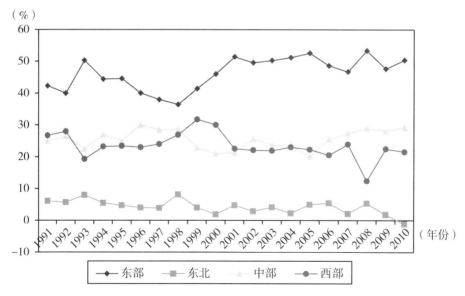

图 7 - 5　1990 ~ 2010 年中国分区域城镇化对全国城镇化的贡献

资料来源：根据 1991 ~ 2010 年《中国统计年鉴》和《中国 2010 年人口普查资料》数据计算。

（四）城镇人口呈现向十大城市群聚集趋势

中国现阶段大致形成了长三角、京津冀、珠三角、川渝、关中、海峡西岸、中原、辽中南、山东半岛和长江中游 10 个城市群。根据历年《中国城市建设统计年鉴》数据，1999～2010 年期间，这十大城市群的城市人口由 1.5 亿人增长到 2.3 亿人，占全国城市总人口的比重由 58.4% 提高到61.0%，对全国城市总人口增长的贡献为 73.7%，对全国城镇人口增长的贡献为 35.3%（见表 7 - 1）。

表 7 - 1　　　　　中国十大城市群主要指标占全国比重　　　单位：%

城市群	GRP				人口				面积			
	1995年	2000年	2005年	2010年	1995年	2000年	2005年	2010年	1995年	2000年	2005年	2010年
长三角	15.70	16.15	18.36	17.62	6.53	6.35	6.32	6.33	1.14	1.14	1.14	1.15
长江中游	3.05	3.75	3.30	3.61	4.18	4.37	4.32	4.41	0.75	1.28	1.46	1.46
成渝	4.60	5.28	5.21	5.78	7.63	8.03	7.98	8.07	1.37	2.01	2.50	2.51
关中	1.36	1.47	1.49	1.72	1.96	2.03	2.03	2.06	0.60	0.73	0.93	0.93
京津冀	7.59	8.33	10.00	9.87	5.42	5.35	5.37	5.52	1.71	1.93	1.91	1.90
辽中南	4.90	4.68	4.74	5.15	3.33	3.26	3.20	3.17	1.53	1.43	1.54	1.53
山东半岛	5.96	6.40	7.59	7.32	3.92	3.86	3.83	3.81	0.88	0.87	0.97	0.97
中原	2.63	2.64	3.13	3.25	3.00	2.97	3.22	3.34	0.61	0.59	0.59	0.59
珠三角	6.81	7.79	10.05	9.56	2.20	2.27	2.73	2.50	0.76	0.76	0.76	0.77
海峡西岸	4.45	5.53	4.65	4.47	3.40	3.76	3.78	3.90	0.74	0.71	0.85	0.87
三大都市圈	30.10	32.26	38.41	37.05	14.15	13.97	14.42	14.35	3.60	3.83	3.81	3.81
新兴城市群	26.93	29.76	30.11	31.29	27.42	28.27	28.18	28.77	6.48	7.62	8.85	8.87
合计	57.03	62.02	68.52	68.34	41.57	42.24	42.60	43.12	10.08	11.45	12.66	12.68

资料来源：根据各年《中国城市统计年鉴》数据计算。

2010 年十大城市群以 10% 的土地面积承载了全国 40% 以上的人口，创造了近 70% 的 GDP。从发展趋势上看，经济向十大城市群集聚速度明显超过人口聚集速度，也超过空间扩张的速度。1995～2010 年，十大城市群人口和面积占全国比重分别由 41.57% 和 10.08% 上升到 43.12% 和12.68%，分别提高 1.6 个和 2.6 个百分点；GRP 由 57.03% 上升到 68.34%，提高 11.3 个百分点。2005 年以前，城市群经济的扩张主要由长三角、珠三角、京津冀三大都市圈带动，其贡献率为 76.3%，而人口扩张则主要是新兴都市圈带动，贡献率达 73.8%。2005 年以后，10 个城市群的 GRP 份额基本稳定，这主要是由于新兴城市群增长与三大都市圈份额下降相抵消所致。但无论是三大都市圈还是新兴城市群，人口份额都在提高，这表明城市群吸纳外来人口的动力十足。而且，由于城市群的人口份额远低于经济份额的事实并没有实质性改变，其人均收入仍远高于非城市群的区域，故而在收入差距的吸引下，大量外来人口将继续进入城市群区域。

综上所述，20 世纪 90 年代以来，城市人口总体呈现向三大都市圈集中的趋势。2005 年以后，城市群经济增长有放缓势头，这主要是由于三大都市圈产业聚集速度放缓所致。新兴城市群虽发展较快，但由于经济总量偏小，发展还不成熟，尚不足以弥补经济放缓带来的缺口。即便如此，城市群聚集人口的功能依然十分突出。这是由于城市群作为高收入地区的地位并没有改变，在收入差距的影响下，其对外来人口的吸引力仍然强劲。因此可以判断，未来在新兴城市群崛起和收入差距的诱导下，城市群区域仍然是重要的人口流入地，支撑城镇化不断推进的功能不会改变。具体来看，长江中游、成渝、辽中南、中原等城市群崛起迅速，有望成为继三大都市圈后吸引产业和外来人口的"热土"，并为中国的城镇化进程注入活力。

第三节　城市人口的分布

城镇化必然带来人口在城乡之间分布的调整，一个国家或地区的城镇化最终都会稳定在一定的水平上，从而达到人口在城乡间的合理分布。当然，城市体系内部人口也存在一个合理分布问题，也就是说人口在不同规模城市间的分布最终也会稳定在一定的比例关系上。

一、城市人口规模分布的一般规律

国际上有关城市的经验研究发现，一个国家或者区域的城市数量一般会随着城市规模的增加而减少，国外有学者把这种现象称为一个国家或者区域的城市规模的"帕累托分布"（Mills et al.，1994；Overman et al.，2001）。在这个"帕累托分布"中，任何一个城市规模的位序（Gabaix，1999）等于该国家或地区最大城市规模与该城市规模乘以一个系数的比值，这个系数被称为"帕累托指数"。当"帕累托指数"为1时，也被称为城市"位序—规模"分布的齐普夫（Zipf）定律。按照齐普夫定律，如果一个国家或区域的所有城市按照规模大小排序，则城市规模与其位序成反比，即任何一个城市的位序与其人口规模的乘积等于一个国家或区域首位城市的人口规模。

国外相关研究曾经发现城市人口规模分布和位序关系符合齐普夫定律（Parr，1985；Ioannides et al.，2003；Duranton，2007）。克鲁格曼（Krugman，1996）、卡巴耶（Gabaix，1999）和埃克豪特（Eeckhout，2004）则赋予了齐普夫定律的经济理论含义，并认为在自由市场机制作用下，城市人口格局向齐普夫分布收敛是其发展的稳定趋势和合理的状态。国内相关研究对中国城市人口规模分布特征进行过描述性分析（顾朝林等，1998；李玉江，1997；朱春、吕芹，2001；丁睿等，2006），也有少数研究注意到齐普夫定律可以用来测度一个国家大、中、小城市分布是否合理（余宇莹、余宇新，2012）。

齐普夫定律实际上表达了人口在城市间可以自由流动的条件下，一定规模以上城市人口最终将收敛于一种稳定的状态，在此状态下，城市规模分布形态能够实现要素配置效率的最优化，以及城市间居民实际效用水平的均等化（Gabaix，1999；Eeckhout，2004），也代表着城市人口增长与其规模无关。如果城市人口增长与其规模相关，则可以通过观察"帕累托指数"的变动，了解这种相关性的含义。当"帕累托指数"值缩小时，表明大城市扩张速度可能更快；当"帕累托指数"值增大时，则表明小城市扩张速度可能更快。如果认为要素配置效率最大化和效用水平均等化是城市人口分布的一种较为合理的状态，那么，齐普夫定律与城市人口分布合理化之间就具有内在一致性，故齐普夫定律就可以作为检验人口分布合理与否的一种标准。就中国而言，改革开放早期二元经济结构特征较为明显，并存在户籍等制度"壁垒"，但随着改革的深入、制度"壁垒"的逐步减弱，对人口城市间流动的影响也越来越小，在这种情况下，就可以通过了解城市规模分布的变化与齐普夫定律的关系来判断城市人口分布的合理性，并检验人口分布是否向合理的方向发展。

齐普夫定律的存在已在跨国经验研究中得到证明（De Vries，1984；Dobkins et al.，1998；Pred，1984；Rosen et al.，1998；Rozman，1990；Singer，1936）。本节计算了美国、日本、英国、法国和印度等国家的城市规模分布的状况。美国、日本和法国大都市的"帕累托指数"分别为1.0135、1.0171和0.9844，与齐普夫分布较为吻合。英国、印度的城市体系则偏离齐普夫定律。其中，英国"帕累托指数"为0.8799，说明大城市占人口比重比标准状态（齐普夫定律成立时）要大，这可能与伦敦在英国城市体系中的地位过高有关；印度"帕累托指数"为1.1067，虽然孟买、加尔各答已经成为千万人口的大都市，但全国大城市的数量并不多，相对于印度众多的人口而言是不够的。

如果假定发达国家城市规模分布形态是合理的，那么考察这些国家的经验事实，有助于了解中国城市规模分布是否合理和未来发展趋势。从发达国家的城市体系演变历史来看，城市规模分布形态显示出趋向于符合齐普夫定律，美、德、法的城市分布"帕累托指数"不断下降，并趋近于1。埃及、印度等发展中国家的情况也类似。

二、城市人口分布

城市人口分布是人口在不同规模城市中的分布状况，可以反映城市人口的聚集程度。

（一）城市人口分布状况

本节使用《中国城市建设统计年鉴》中的城区人口数据，按照联合国对城市类型的划分标准[①]，计算了中国1992~2010年各等级城市人口占全国人口的比重（见表7-2）。从整体看，全部城市人口所占比重不断扩

---

① 10万~50万人口为中等城市，50万~100万人口为较大城市，100万~500万人口为大城市，500万~1000万人口为特大城市，1000万人口以上为超大城市。

张，由 1999 年的 23.57%，提高到 2010 年的 28.81%。分等级来看，除小城市比重有所缩小外，其他城市比重均有所扩张，而且城市规模等级越高，扩张速度越快。其中，超大城市人口扩张最快，2010 年超大城市人口比重是 1999 年的 5 倍；其次为特大城市，人口是 1999 年的 1.43 倍。可见，1999～2010 年中国城市人口分布处于向更大城市集中的阶段，城市规模的扩张和城市本身规模具有正相关关系。人口向大城市集中的趋势与中国所处的发展阶段密切相关。20 世纪 90 年代以来，中国进入工业化中期阶段，经济保持高速增长。这一期间生产的规模经济特征比较明显，产业集聚速度很快，而规模较大的城市能够为大规模产业集聚提供规模市场和更廉价的人才、资本、劳动力和基础设施等投入要素。

表 7 – 2　　1999～2010 年不同等级城市人口占全国总人口的比重　　单位：%

年份	小城市	中等城市	大城市	特大城市	超大城市	100 万人以上	100 万人以下	全部
1999	7.76	4.73	8.50	1.69	0.90	12.49	11.09	23.57
2000	7.70	4.97	8.51	2.17	0.94	12.67	11.62	24.30
2001	7.44	4.83	8.62	2.26	0.99	12.26	11.86	24.13
2002	7.33	4.44	9.26	2.28	0.99	11.78	12.53	24.30
2003	7.09	4.83	9.00	2.67	0.99	11.93	12.66	24.59
2004	7.25	4.79	8.67	2.35	1.90	12.05	12.93	24.97
2005	7.40	4.67	9.09	2.55	2.54	12.07	14.18	26.25
2006	7.41	4.85	9.75	2.84	2.39	12.26	14.99	27.25
2007	7.70	4.72	8.79	3.39	2.45	12.42	14.63	27.05
2008	7.67	4.86	8.72	3.47	2.51	12.52	14.70	27.20
2009	7.63	4.91	9.11	3.40	2.56	12.54	15.07	27.60
2010	7.57	4.95	9.33	2.42	4.54	12.52	16.28	28.81
2010/1999	0.97	1.05	1.10	1.43	5.06	1.00	1.47	1.22

注：这里的比重是指城区人口与全国人口之比。

资料来源：根据《中国城市建设统计年鉴》（1999～2010）数据计算。

从不同城市人口增长速度对比来看，规模越大的城市，人口扩张速度也越快。1999～2005 年，超大城市平均增长率为 18.0%，远高于其他等级城市的平均增速，特大城市增速次于超大城市，增速为 4.8%，中等城市的增速最低。2005～2010 年，超大城市规模扩张速度较前一时期虽有所下降，但在各等级城市中仍然最快，大城市、特大城市增速放缓，中等城市扩张速度有所提高。总的来看，中国城市规模扩张主要推动力量是 1000 万人口以上的超大城市，这与中国城市群和大都市圈的崛起有着密切关系。中国在未来一段时期将处于城市集群发展的阶段，在信息化、交通一体化和分工协作紧密化的带动下，中心城市聚集高端要素的能力将进一步加强，因此超大城市及特大城市规模扩张仍将主导中国城镇化的进程。

从 1949 年以来以市辖区人口数计算的"帕累托指数"的变化情况可以看出，2000 年以前"帕累托指数"值呈逐步提高的态势，这意味着中小城市在城市整体规模扩张中的作用更强。然而，2000 年以前中国行政区划调整较为频繁，不断有新的城市进入地级城市的序列中①，而且随着统计资料的完善，进入统计范围的城市数量增加也很快，这些新增加的城市又多为中小城市，故"帕累托指数"值的提高在一定程度上也与城市数量增加紧密关联。为此，我们首先将年鉴中各年包括的所有城市的数据直接计算"帕累托指数"，然后筛选出 1949 年有数据的城市作为新的序列，再计算得到另一个"帕累托指数"。结果显示，1949 年以来，"帕累托指数"值呈现出先升后降的趋势，拐点大约出现在 2000 年前后。2000年以前，第一个"帕累托指数"从 1949 年的 0.889 提高到 2000 年的1.286，表明规模偏小的城市扩张速度更快。第二个"帕累托指数"也呈现递增的态势，强化了中小城市在城市体系中地位不断上升的结论。由此可见，1949～2000 年城市人口扩张是由中小城市人口扩张主导的。此外，考虑到该阶段城市数量扩张较快，行政区划调整也是中小城市主导的重要原因。2000～2010 年，规模较大的城市在城市体系中的地位在上升。鉴于这一时期城市数量基本稳定，故城市人口的扩张转变为人口向大城市集中为主导。

---

① 1995 年以前，中国地级及以上城市序列不稳定，不断有新的县级行政单元升级为地级市，1978～1995 年，地级市数量由 98 个提高到 210 个。因此，这段时间"帕累托指数"值的提高是由于城市数量增加所致。2000 年之后，行政区划调整力度减弱，地级及以上城市数量变化不大，2005 年以后一直为 287 个。

城市规模最准确的度量应是城区常住人口数量。因此，上述以市辖区户籍人口代表城市规模的方法存在一定误差。这是因为，一方面市辖区范围往往大大超过城区的范围，把不属于城区范围的郊区人口也算进城市规模之内；另一方面市辖区的户籍人口没有包括城区的外来常住人口。《中国城市建设统计年鉴》中的城区人口虽然为户籍人口，但如果加上暂住人口，能够相对准确地反映城市的规模。考虑到城市序列收敛于齐普夫定律的特性只适用于一定规模以上的城市，我们选取 10 万人、20 万人和 50 万人作为下限，对不同"门槛值"的上截尾城市序列分别测算"帕累托指数"。这样一来，全部城市已基本达到满足齐普夫定律所要求的水平，1999～2010 年，"帕累托指数"值基本在 0.99 上下浮动。20 万人和 50 万人以上城市序列"帕累托指数"值却明显高于 1，且渐近于 1。从发展趋势来看，20 世纪末以来，中国大城市扩张更快，这与近期发展阶段相符，表明城市人口的分布趋于合理。但上截尾城市序列中大城市的规模还不够。

（二）城市人口分布存在的问题

综上所述，2000 年之前的中国城市人口分布并不合理，尽管中国工业化一直在进行，但大城市未能得到充分的发育，这在一定程度上是由于人口在城市间迁移受到限制所致。2000 年以后，随着户籍制度的放开，以及劳动力市场的完善，人口在城市间的流动更加自由，大城市具有的规模经济特征得到了有效的释放，这一时期大城市规模迅速扩张，并成为带动城市总体扩张的主导力量。从城市格局演变来看，1949～2000 年，中国的城市格局的变动以中小城市扩张为主导，2000～2010 年，城市规模格局的变动转变为大城市人口规模扩张为主导。目前中国城市人口规模分布正朝着合理化的方向发展，但大城市的规模和数量仍显不足。

由表 7－3 可知，从不同区域看，除华中地区外，其他 6 个地区"帕累托指数"都趋向于 1，或稳定在 1 附近。总体来看，中国各区域的城市体系朝着合理化的方向发展。其中，东北地区的城市人口分布基本合理，但城市体系的中小城市规模略显不足，需要加快产业结构转型，培育中小城市的新兴特色产业，增强人口集聚能力。2005 年以后，华北地区城市体系表面上正趋于合理，但北京单极扩张掩盖了城市体系缺少承上启下的大城市的问题，这造成要素过度集聚，产生了集聚不经济问题，未来需要疏解首位城市的人口，并增加人口超百万的大城市的数量。华东地区城市体系发育最为成熟，人口布局比较合理，人口布局政策无须过多干预。华中地区虽有武汉这样的大都市，但城市体系是断裂的，缺乏承上启下的特大城市，未来需要重点培育人口超百万的城市。华南地区大城市扩张主导了城市格局的变化，如广州、深圳、东莞近年来人口规模迅速膨胀，而中小城市的规模扩张则明显不足，培育中小城市有助于减轻大城市的拥挤，也有助于拓展经济增长的空间。西北地区城市体系也在趋于合理，但大城市的规模依然不足，特别是缺乏辐射全域的中心城市。需要进一步增强西安、兰州和乌鲁木齐等大城市的经济聚集能力，带动周边城市的发展，发挥协同效应。西南地区城市人口分布也在逐渐趋于合理，大中小城市结构适宜，但各等级的城市规模整体偏小，未来也要从整体上提升各层级城市的产业聚集水平和人口吸纳能力。

表 7 – 3　　中国七大区域城市人口分布的帕累托指数（人口 10 万以上）

年份	华北	东北	华中	华东	华南	西北	西南
1999	0.922	0.966	0.972	0.964	1.103	1.103	1.141
2000	0.912	0.955	0.964	0.997	1.064	1.113	1.141
2001	0.866	0.946	0.988	1.003	1.063	1.146	1.098
2002	0.855	0.946	1.024	0.972	1.050	1.086	1.067
2003	0.873	0.951	1.122	0.988	0.929	1.088	1.043
2004	0.873	0.945	1.127	0.986	0.957	1.088	1.043
2005	0.866	0.950	1.122	0.972	0.945	1.082	1.050
2006	0.976	0.962	1.218	0.979	0.918	1.053	0.974
2007	0.977	0.987	1.228	1.007	0.918	1.042	1.010
2008	0.974	0.982	1.192	1.014	0.947	1.028	1.000
2009	0.970	0.988	1.229	1.019	0.948	1.027	0.993
2010	0.966	0.969	1.208	0.997	0.925	1.042	0.959

注：东北包括辽、吉、黑；华北包括京、津、鲁、冀、晋、蒙；华东包括沪、苏、浙、皖；华中包括鄂、豫、湘、赣；华南包括闽、粤、桂、琼；西南包括云、贵、川、渝、藏；西北包括陕、甘、宁、青、新。

资料来源：根据各年《中国城市建设统计年鉴》计算。

三、特大城市的人口调控

2015 年，全球城市人口规模最大的前 30 个城市当中包括了中国 5 个城市，上海市名列第 3，北京市名列第 10，重庆市名列第 16，天津市名列第 19，深圳市名列第 25（United Nations，2017）。特大城市的人口调控在中国乃至全世界都是一个难题。城市人口规模过大引发的各种社会问题有很大的相似性。在中国，无论是特大城市还是超大城市，都是外来人口聚集的重点区域，城市人口的膨胀均因外来人口流入引起。从全国来看，人口流动具有相似性，吸引人口流入的原因基本相同。

一些特大城市为了控制人口规模，设定了规模上限。例如，北京市设定的人口规模上限为 2300 万，上海市为 2500 万。不少学者对特大城市人口调控问题进行了研究。有学者认为，人口膨胀是造成"城市病"的原因（陆杰华、李月，2014）。特大城市在发展过程中，外来人口起到了重要的作用。例如，北京市人口增长主要源于外来人口增长，尤以都市区最为明显（刘祥等，2013）。较多的就业机会和优质的公共服务对外来人口具有较强的吸引力。因而，就业人口膨胀成为诸多城市问题形成的原因。有学者认为，调控的重要举措是分流就业人口（王继源等，2015），通过产业疏解的方式带动人口疏解。从城市空间形态和扩张的角度来看，经济的快速增长和城市化进程的加快是形成特大城市空间结构带状化、多中心化，以及分散化、碎片化等特征的主要原因（周春山、叶昌东，2013）。对特大城市而言，应以产业结构升级为契机，通过优化产业发展布局带动人口结构优化（李超等，2013）。政府需要在宏观层面把握城市发展方向，积极建立"有进有出、进出平衡"的人口动态平衡机制（段成荣，2011）。陈佳鹏、黄匡时（2014）总结了日本东京人口调控的经验，主要包括政府发挥主导作用、调整产业结构布局，中心区高端化、引导城市由单一中心型向多核心型城市结构转型、建立都市圈及便捷的交通设施网络等。陈功等（2015）总结国外特大城市人口调控政策，大体可分为五类：建立卫星城或次中心疏导战略、功能疏解和机构搬迁政策、注重法律和规划引导人口布局、通过调整产业布局调控人口、通过调控公共服务和社会保障间接调控人口。对上海而言，通过实行居住证积分制度、新一轮城市规划，以及通过城市布局、功能定位和产业布局与产业结构调整等措施都可以在一定程度上控制人口规模（潘鸿雁，2015）。事实上，上海市自2015年开始外来常住人口出现了负增长，2017年全市常住人口开始减少；2017年和2018年北京市常住人口也连续两年减少。

第四节 人口流动

人口流动是推动中国人口城镇化快速发展的重要力量，同时也是中国特有的一种社会现象。

一、流动人口

流动人口是指改变了经常居住地而未改变户籍登记地的人口。全国人口普查和抽样调查中关于流动人口的具体定义曾有过调整。1982年第三次全国人口普查和1990年第四次全国人口普查对流动人口的定义是离开户籍登记地一年以上、跨县流动的人口。2000年第五次全国人口普查将定义流动人口的时间标准缩短，空间标准缩小，流动人口定义调整为离开户籍登记地半年以上、跨镇（不包括市辖区）流动的人口。国家统计局定义的流动人口，是指人户分离人口中扣除市辖区内人户分离的人口。根据流动的空间范围，流动人口分为省际流动人口和省内流动人口。

（一）流动人口规模变化趋势

1982年，流动人口规模为657万人，仅占当时全国总人口的0.66%。80年代中期，当小城镇向农民开放之后，流动人口的规模迅速扩大，1990年增加到2135万人。进入90年代之后，流动人口的规模迅速扩大，2000年达到了1.02亿人，2010年达到2.21亿人，2014年达到最高峰2.53亿人，平均不到6个人当中就有一个是流动人口（见图7-6）。

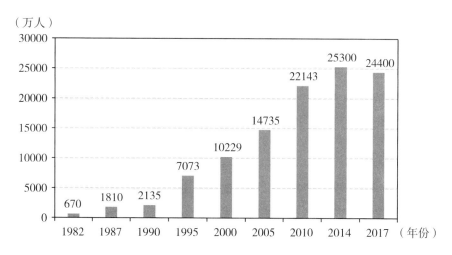

图 7 – 6　1982 ~ 2017 年中国流动人口增长趋势

资料来源：国家卫生健康委员会：《中国流动人口发展报告 2018》，中国人口出版社 2018 年版，第 3、32 页。

从 2015 年开始，流动人口数量出现减少趋势。根据国家卫生健康委员会发布的《中国流动人口发展报告 2018》，2016 年和 2017 年全国流动人口规模也都出现了减少情况。国家统计局公布的最新数据显示，2018 年全国流动人口为 2.41 亿人，比 2017 年减少了 300 万人。流动人口的减少有多方面的原因：第一，城乡之间和地区之间社会经济发展差距的缩小，尤其是中西部地区的经济发展使当地的就业创业机会增加和收入水平提高，因而一些劳动力留在或返回家乡；第二，在流动人口高度聚集的特大城市采取了更为严格的调控手段，以及产业结构升级，使得一些特大城市（如北京和上海）的流动人口开始减少；第三，农村大量劳动力已经流入城市，农村劳动力转移已经跨越了"刘易斯拐点"，因此乡—城流动人口的来源不足；第四，由于长期的低生育率，劳动年龄人口已呈现减少趋势。这几个因素的影响在未来一个时期将会进一步强化，因此，流动人口规模减小已经成为一个可以确定的趋势。

（二）流动人口的构成

流动人口的构成有四个主要特点：第一，流动人口的主体是来自农村的人口。农业户口的流动人口比高达 80%，根据国家统计局发布的《2015 年农民工监测调查报告》，2015 年农民工总量为 27747 万人，其中绝大多数是流入城市。第二，劳动年龄人口占流动人口的主体。2000
年16～59岁人口占全部流动人口的79.84%，2015年占比提高到84.1%，
目前人数最多的是1980年及以后出生的人，2015年达到1.29亿人，在劳
动年龄流动人口中占比高达62.3%。第三，流动人口年龄结构轻，2015年
流动人口的平均年龄为31岁；在流动人口中，0～15岁的人占10.6%，
16～44岁的人占68.5%，45～59岁的人占15.6%，60岁及以上的人占
5.3%。这个年龄结构对于流出地和流入地的人口结构都具有重要影响，
一方面降低了流入地的人口老龄化程度，例如，2000～2010年期间上海
常住人口中65岁及以上老年人口占比降低了1.34个百分点；另一方面
加剧了流出地的人口老龄化程度。第四，流动人口的性别构成处于平衡
状态，男性占51%左右，女性占49%左右。这种性别结构与许多国家的
迁移人口的性别结构有明显不同，一般而言，在迁移人口当中男性占更
大的比重。

二、人口流动

中国流动人口的流动方向的基本格局是从农村流向城市，从中、西部
地区流向东部沿海地区。

按照人口流动的行政区域界限区分，人口流动分为省内流动和省际
流动。早期的人口流动是以省内流动为主，1990年的流动人口中，省内
流动占73.9%，2005年该占比下降到53.9%，之后又出现回升，2015
年提高到60.6%。虽然省内流动在流动人口中一直占多数，但东部地区
的省内流动人口占了其中的四成。例如，2005年东部地区的省内流动人口
占全国省内流动人口的43.32%，省内流动占比最高的是广东（13.80%），
其次是江苏（7.20%）、四川（6.58%）、山东（6.12）、福建（5.95%）
和浙江（5.34%）。由此可见，东部沿海地区的经济发展吸纳了大量的
本地农村人口，并改变了本省的人口分布格局。在全部流动人口中，省
际流动占比在2005年达到最高（46.1%），目前基本上保持在40%左右
（见表7－4）。

表 7 - 4   省际流动人口和省内流动人口的规模及比例

指标	1990 年	2000 年	2005 年	2010 年	2015 年
规模（万人）					
省际流动	558	3723	6796	9433	9691
省内流动	1577	6506	7939	12710	14906
合计	2135	10229	14735	22143	24579
比例（%）					
省际流动	26.1	36.4	46.1	42.6	39.4
省内流动	73.9	63.6	53.9	57.4	60.6
合计	100.0	100.0	100.0	100.0	100.0

资料来源：国家卫生健康委员会：《中国流动人口发展报告（2018）》，中国人口出版社 2018 年版，第 9 页。

总体来看，流动人口来源地主要是四川、广东、安徽、河南、湖南、湖北、江苏等省份，2005 年以这几个省份作为来源地的流动人口占全部流动人口的 48.26%。从省际流动来看，流出地主要是中西部地区，占全国省际流动人口的 80% 以上，其中人口大省安徽、江西、河南、湖北、湖南、四川等是省际流动人口的主要来源地，2011 年从这些省份流出的流动人口占全国省际流动人口的比重为 59.7%，2016 年为 58%。

流动人口主要是流向东部地区。1990 年全国流动人口中有将近一半是流向东部地区，之后这个比例不断提高，2000 年为 57%，2005 年达到了历史最高水平 64.6%，2015 年仍保持在 54.8% 的水平。经济发展最为活跃的"长三角"地区和"珠三角"地区聚集了全国三成以上的流动人口（王桂新、潘泽瀚，2013）。东部地区更是省际流动人口的主要目的地，2000 年流入东部地区的省际流动人口占全部省际流动人口的 77.8%，2005 年曾达到 84.6%，2010 年为 82.5%，2015 年为 78.2%。

三、人口流动对城镇化的影响

由于流动人口的流向主要是从农村流入城市，因此大规模的人口流动有力地推动了中国的城镇化进程。另外，流动人口主要是向东部沿海的都市圈聚集，进而直接带来城市人口分布的变化。我们可以从以下数据中看到人口流动的城镇化效应：

第一，八成以上的流动人口属于乡—城流动。根据国家人口计生委的"流动人口动态监测数据"，2010年流动人口中86.7%为农业户口，属于乡—城流动。2018年，全国流动人口规模为2.41亿，其有2亿多是乡—城流动人口，这个规模约占全国城镇常住人口的1/4。

第二，全国城镇常住人口比例高于城镇户籍人口比例。2018年户籍人口的城镇化率为43.37%，常住人口城镇化率为59.58%，后者比前者高出的16.21个百分点应该是人口流动带来的影响。

第三，由于户籍制度的改革和农业转移人口市民化进程的加快，有越来越多乡—城流动人口获得城镇户籍。党的十八大以来，已有9000万农业转移人口成为城镇居民。

第四，一些城市的常住人口中，外来流动人口占了较大比重。例如，2010年珠三角、长三角和京津冀三个都市圈流动人口占常住人口的比例分别为46.10%、13.78%和9.59%。

第五，流动人口的就业结构呈现高度非农化。2010年流动人口就业比例为87.1%，在就业流动人口中，从事非农产业的比例高达99%。到目前为止，仍然保持着这个比例。

可以预见的是，随着新型城镇化政策和户籍改革的进一步落实，流动人口当中将有更多的人在流入地落户，因此，人口流动将在很大程度上被人口迁移所取代。

第八章

人口发展与中国经济奇迹

在不到40年的时间内，中国这一世界第一人口大国就从低收入国家发展成为上中等收入国家，创造了人类历史上的一个经济奇迹。中国经济之所以能够有如此亮丽的表现，是很多因素综合作用的结果，其中也包括了人口发展的贡献。中国在整个改革期间伴随着迅速而深刻的人口转变，实现了从高生育率和高人口增长率阶段到低生育率和低人口增长率的转变，这个过程对经济增长具有显著的含义（蔡昉，2017）。

第一节　中国的经济奇迹

中华人民共和国成立之后，经济虽然走上了复苏之路，但由于国际环境不利因素、政策失误、人口过度增长、自然灾害等，经济发展之路走得异常艰辛。根据世界银行的统计数据，在改革开放之前，按照人均GDP水平衡量的经济发展水平，中国一直低于最不发达国家平均水平和低收入国家平均水平，即使到了20世纪80年代初，中国的人均GDP仍仅相当于最不发达国家和低收入国家人均GDP的2/3左右。1978年，中共七届三中全会拉开了中国改革开放的序幕，国民经济开始复苏；1992年，邓小平南方谈话吹响了发展市场经济的号角，国民经济进入了发展的快车道；2001年中国加入世界贸易组织之后，国民经济获得了高速发展；2018年，中国

已经跨入了上中等收入国家行列。

一、中国经济增长的成就

1952 年，中国的国内生产总值只有 679.1 亿元，1978 年增加到 3678.7 亿元，按可比价格计算，这期间总共增加了 3.7 倍。2018 年，国内生产总值达到 900309.5 亿元，按可比价格计算，比 1952 年增加了 173 倍，比 1978 年增加了 36 倍（见图 8-1）。改革开放初期，中央提出 2000 年国内生产总值比 1980 年翻两番的发展目标，这个目标在 1995 年提前实现，到 2018 年，国内生产总值总共翻了将近五番。1952 年，人均国内生产总值为 119 元，1978 年提高到 385 元，按可比价格计算，总共增加了 2.2 倍。改革开放之后，人均国内生产总值快速增长，2018 年达到 64644 元（见图 8-2），按可比价格计算，比 1952 年增加了 70 倍，比 1978 年增加了 165 倍。十几亿人口在如此短的时间内摆脱了贫穷，走向富裕，这是一个可以载入人类史册的伟大成就。

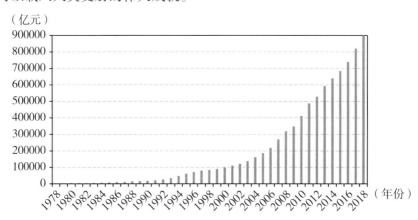

图 8-1　1978～2018 年中国国内生产总值的增长
资料来源：国家统计局国家数据库。

二、全球经济竞争中的中国步伐

中国的经济是在全球竞争中崛起的，从一个低收入国家发展成为上中等收入国家仅仅用了不到 40 年的时间，这个步伐使中国实现了跨越式发展。

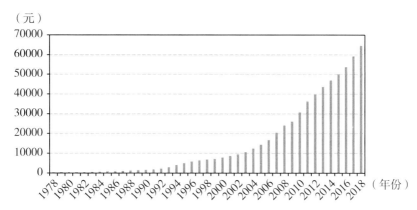

（元）

图 8－2 1978～2018 年中国人均国内生产总值的增长

资料来源：国家统计局国家数据库。

根据世界银行的统计，1978 年中国的国内生产总值为 1495 亿美元，占全球经济总量的 1.7%，世界排名第 11 位。改革开放之后，中国经济迈开大步，追赶世界上的各经济大国（见图 8－3），先后超越了荷兰、西班牙、俄罗斯、加拿大、意大利、法国、英国、德国、日本，在 2010 年成为世界第二大经济体。与此同时，与美国经济之间的距离也不断缩小：1987 年，中国国内生产总值为 1495.4 亿美元，仅相当于美国的 0.64%；2010 年增加到 60872 亿美元，相当于美国经济总量的 40%；2018 年，增加到 136082 亿美元，相当于美国的 66%，并占到全球经济总量的 15.9%。

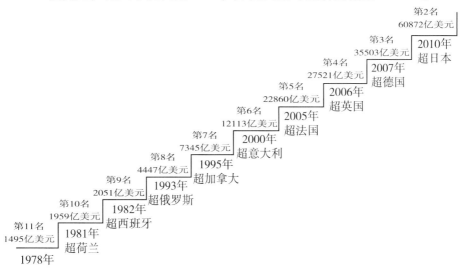

图 8－3 中国经济总量在世界排名的变化

资料来源：World Bank，Database：World Development Indicators。

图 8 – 4 同样展现了中国经济追赶世界经济的步伐。按 2010 年美元不变价格计算，1970 年中国人均 GDP 仅相当于低收入国家平均水平的 1/3，相当于世界平均水平的 4%；1978 年仍只是低收入国家平均水平的 37%，相当于世界平均水平的 5%。1978 年之后，中国经济开始了追赶征程（见图 8 – 4）：1985 年超过了最不发达国家平均水平，1987 年超过了低收入国家平均水平，1993 年超过了下中等收入国家平均水平，2007 年超过了中等收入国家平均水平。与此同时，中国人均 GDP 与上中等收入国家的差距也在不断缩小，2007 年相当于上中等收入国家平均水平的 63%，2017 年提高到 89%[①]。图 8 – 5 显示，1978～2017 年期间中国人均 GDP 增长率远远超过各个收入组国家和世界平均水平。人均 GDP 与世界平均水平之比从 8∶100 提高到 82∶100。2014～2017 年期间，按照 2010 年不变价格美元计算，世界人均 GDP 年均增长 1.66%，中国人均 GDP 年均增长 6.07%，如果这个速度差继续保持下去，中国的人均 GDP 将在 2026 年超过世界平均水平。2018 年，中国的人均 GDP 达到了 9732 美元，与世界银行 2018 年公

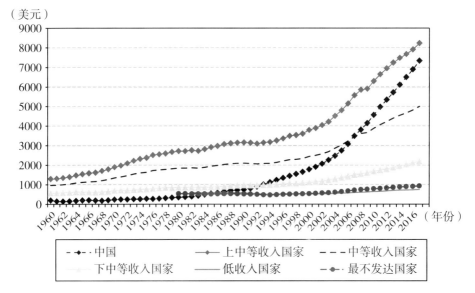

图 8 – 4　1960～2017 年中国人均 GDP 国际地位的变化

注：人均 GDP 按 2010 年美元价格计算。

资料来源：World Bank，Database：World Development Indicators。

---

① 按照当年价格计算，2015 年，中国人均 GDP 为 8069 美元，上中等收入国家平均水平为 7967 美元。

布的高收入国家标准 12055 美元相比，还差 2323 美元。如果中国经济能够继续保持每年 6% 的增长速度，那么再用 4 年时间就可以跨入高收入国家的门槛。

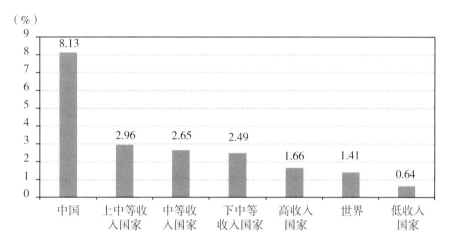

图 8 – 5　1978～2017 年人均 GDP 年均增长率的国际比较

注：低收入国家是 1982～2017 年的年均增长率。

资料来源：World Bank，Database：World Development Indicators。

第二节　人口增长减速与经济起飞

人口转变对中国经济发展的第一个影响是减轻了人口增长对经济的压力，助推了中国经济的起飞。

一、低水平均衡陷阱

第二次世界大战结束后，一些发展中国家发生了死亡率转变，导致了这些国家的人口增长浪潮。但是，人口快速增长也成为这些国家经济发展的一个障碍。发展经济学认为，欠发达国家普遍面临的困境是经济落后、人口负担重、资本短缺、高失业率和劳动生产率低下。在低收入与人口增长之间存在着一种恶性循环，低收入国家的高出生率使新增人口吞噬掉原本可以用于积累的资金，难以获得实现经济起飞的必要推力（Leibenstain，

1957），因而长期陷于贫困之中。这种人口经济关系状态被称为"低水平均衡陷阱"或"马尔萨斯魔咒"。

中国也曾经陷入"低水平均衡陷阱"。20 世纪 50 年代和 60 年代的人口快速增长给经济造成沉重的压力，尤其是在当时的国际环境中，经济发展所需的资金只能从内部获得。在封闭的经济系统中，人口增长对经济的影响更加显著。世界银行的统计数据显示，60 年代，中国的资本形成（gross capital formation）占国内生产总值比重平均为 25.19%，如果不包括积累率最高的 1960 年（39.11%），平均值为 23.64%。从表面上看，这个积累率并不算太低，但对于幅员辽阔、人口众多、处于封闭国际环境和面临外部威胁的中国而言，这个积累率仍难以支撑和满足工业化和经济发展需求。另外，在当时的经济条件下，积累率之所以能够达到这个水平，在很大程度上是由于全国人民节衣缩食做出的贡献。尽管如此，50 年代和 60 年代出生高峰带来的人口快速增长加剧了经济发展资金短缺的局面。除了 1960 年和 1961 年因困难时期导致了人口减少，50 年代平均每年净增 1300 万人，60 年代平均每年净增 1900 万人，这个人口增量规模造成的经济负担是非常沉重的。因此，虽然新中国成立之后，人民的生活有了明显改善，但是直到改革开放之前，国民经济都没能真正起飞。一些实证研究也表明，在我国经济发展的较低阶段，人口增长与经济发展之间一般存在长期稳定的关系（宋光辉，2004），新增人口在 80 年代以前对经济增长的负面影响比较明显（都阳，2004）。

二、破除"马尔萨斯魔咒"

20 世纪 70 年代初，中国开始实行以控制人口增长为目标的计划生育政策。1971～1977 年期间，总和生育率下降了一半，出生率下降幅度超过 40%；1977 年出生人口比 1970 年出生人口减少了将近 1000万，净增人口规模减少了 1000 多万。人口增长的大幅减速显著减轻了人口增长负担，积累率明显提高（见图 8 - 6），1971～1977 年间的资本形成占国内生产总值的平均比重达到 34.21%，比 1961～1969 年间的平均水平提高了 10 个百分点，为改革开放时期的经济起飞创造了有利条件。

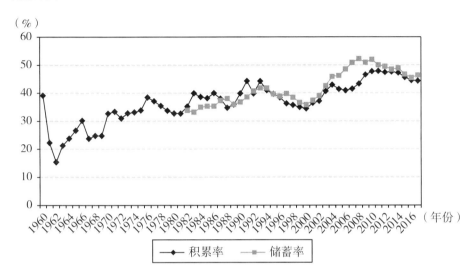

图 8 – 6　1960～2017 年中国积累率和总储蓄率的变化

注：图中的积累率是指总资本形成额占 GDP 的比重，储蓄率是指总储蓄额占 GDP 的比重。

资料来源：World Bank，Database：World Development Indicators。

1980 年，中国开始实行更为严格的计划生育政策。虽然派生于 50 年代和 60 年代两次出生高峰的第三次出生高峰在 80 年代出现，但人口增长的步伐已经放缓，1980～1989 年间平均每年出生人口 2200 万人，略多于 70 年代的水平；每年净增人口规模为 1516 万人，略少于 70 年代的水平（参见本书第一章）。如果 1970～1989 年间人口出生率仍保持在 60 年代末的水平，那么 70 年代平均每年出生人口会达到 3100 万人，80 年代平均每年出生人口会多达 3500 万人以上，这显然是一个难以承受的压力。因此，生育率转变给中国经济带来的第一个积极影响，是人口增长减速在一定程度上缓解了人口增长对资本积累的压力，助推了经济起飞。从图 8 – 6 中可以看到，80 年代和 90 年代的积累率明显高于 70 年代，总储蓄率也呈现同样的变化趋势。如前所述，中国的人均国内生产总值在 1995 年超过了下中等收入国家的平均水平，这意味着中国经济在 90 年代初成功起飞，成功破除了"马尔萨斯魔咒"。

第三节 经济奇迹中的人口红利

经济发展与人口结构之间的关系曾长期被忽略（蔡昉，2010），直到 20 世纪 80 年代末和 90 年代初"新增长经济学"（Romer，1986）兴起之后，人口年龄结构变化对经济增长的影响才真正进入增长经济学的研究视野。布鲁姆和威廉姆森（Bloom and Williamson，1997）在研究日本和"四小龙"的"东亚奇迹"时发现，人口快速转变带来的人口抚养比下降为这些国家经济的快速增长做出了重要贡献。

一、人口红利

关于人口红利有两个相关联的概念：第一个是"人口机会窗口"，指人口抚养比低于 50 的时期。中国的人口机会窗口是在 1996 年打开的，将在 2032 年结束。第二个是"人口红利"，即人口抚养比下降带来的经济增长效应，具体而言，是指在劳动年龄人口比重较大的情况下，人口生产性强，社会储蓄率高，有利于经济增长，因而高比例生产性人口使得经济增长在正常的增长幅度之上再增加一个部分，这个因劳动年龄人口比例高而对经济增长产生的积极效应就称为"人口红利"。

中国的人口抚养比是伴随着生育率转变而下降的，20 世纪 60 年代末和 70 年代初，人口抚养比高达 80 左右；自 1974 年开始，人口抚养比出现持续下降，1980 年降到 70 以下，1984 年降到 60 以下，1996 年降到 50 以下，2004 年降到 40 以下，2011 年降到最低点 35.67。换言之，中国人口抚养比的下降期长达 37 年，其中有 16 年低于 50。关于中国人口红利持续时间存有争论，这里涉及另一个概念，即"人口红利期"。关于人口红利期有不同的认识，有观点认为人口抚养比低于 50 的阶段是人口红利期，也有观点认为，人口红利期是指从人口抚养比下降开始到人口抚养比开始上升结束的整个时期，指人口转变过程中所出现的被抚养人口比例不断下降、劳动年龄人口比例不断升高的一段时期。这两个概念在时间跨度上存在着矛盾，并直接影响到对中国人口红利期时间的判断。根据前者的观点，中国的人口红利期到 2032 年左右才结束；根据后者的观点，中国的人口红利期在 2012 年就已经结束，但人口红利期开始的时间是 1974 年。

二、从潜在的人口红利到现实的人口红利

人口抚养比下降所带来的人口红利只是一种潜在的红利，只有当经济条件和经济机会能够使人口抚养比下降所提高的潜在储蓄能力转变为现实的储蓄，增加的劳动力能够获得就业机会，那么这种潜在的经济增长来源就会成为现实的人口红利，而中国的改革开放恰逢其时地为人口红利的实现创造了必要条件。我们认为，1974～2011 年，中国人口抚养比经历了两个阶段，第一个阶段是 1974～1995 年人口抚养比快速下降阶段，第二个阶段是 1996～2011 年低人口抚养比阶段。这两个阶段中的人口抚养比变化都为中国经济增长贡献了人口红利。人口年龄结构变化带来的这种人口红利在我国的经济增长中也得到证实，被认为是造就"中国经济奇迹"的最重要原因之一（蔡昉，2004）。从图 8－6 中可以看到，中国的储蓄率在 20 世纪 90 年代基本保持在 40% 的水平，2004 年以后多年连续保持在 45% 以上，有些年份甚至超高了 50%，这在一定程度上是因为人口抚养比下降和低抚养比带来的效应。人口抚养比降低还意味着人口的生产性增强，即劳动年龄人口比重提高（见图 8－7）。

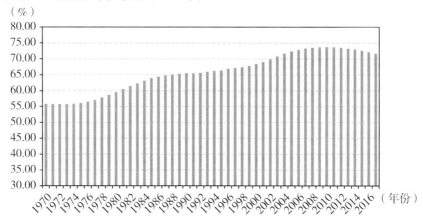

图 8－7 1970～2017 年中国劳动年龄人口比重变化趋势

资料来源：World Bank，Database：Health Nutrition and Population Statistics。

121

三、人口红利对经济增长的贡献

事实证明，人口抚养比迅速下降和低抚养比时期与中国的改革开放在时间上高度契合，因此，丰富的劳动力资源得到了有效利用，从而使人口抚养比从潜在的经济增长来源变成了现实的人口红利。王丰和梅森（Wang and Mason，2005）认为，中国20世纪70年代的生育率快速下降带来了潜在的人口红利，通过采用增长因素分析法将人口红利对中国经济增长的贡献进行分解，得出以下结论：1960～2000年，人口红利对于中国人均增长率的贡献为8.3%；而1982～2000年，人口红利的贡献额提高到15%。蔡昉和王德文（Cai and Wang，2005）根据对1982～2000年中国分省面板数据研究发现，总抚养负担每下降一个单位，经济增长速度将加快0.115个百分点，总抚养负担下降对储蓄率的贡献率大约在5%，对中国经济增长的贡献在1/4。王金营和张磊（2010）分析了1978～2007年间人口红利与经济增长的关系，他们发现人口红利对这个时期经济增长的贡献率高于25%。

第四节 人力资本对经济增长的贡献

人力资本是拉动经济增长的引擎之一。新经济增长理论认为，技术进步和人力资本是内生性的经济增长源泉（Romer，1986；Lucas，1988）。世界银行指出，大力进行人力资本投资是东亚国家经济取得飞速发展的重要原因之一，而更多地投资于12～24岁年轻人的教育、健康和职业培训的发展中国家，可以大力促进经济增长和大幅度减少贫困。从全球来看，受教育年限每增加一年，工资率就会提高9%。[1] 在中国，劳动力受教育水平的提高、身体素质的改善和现代经济的洗礼，使得中国人力资本积累显著增长，并在中国经济奇迹中发挥了重要作用。

---

[1] World Bank. Education Overview. Last Updated：Nov. 12，2018，https：//www.worldbank.org/en/topic/education/overview.

一、中国的人力资本积累

中国的人力资本积累是从 1977 年恢复高考制度才真正起步的。1975 年，15 岁及以上人口的平均受教育年限只有 4.1 年，20 ~ 24 岁人口平均受教育年限也仅为 5.84 年。恢复高考制度后，中国的教育事业快速发展，人力资本投资的社会需求不断高涨。1982 ~ 2019 年全国普通高校毕业生累计将近 1.12 亿人，其中 1983 年以后毕业的累计 1.11 亿，目前他们的年龄都在 60 岁以下，占 2019 年全国就业人员总数的 14.4%。教育事业的迅速发展使劳动力素质得到了显著提高。图 8 - 8 呈现了中国人口平均受教育年限的增长轨迹，全国 15 岁及以上人口平均受教育年限从 1975 年的 4.1 年提高到 2010 年的 7.51 年。第六次全国人口普查结果表明，2010 年全国 15 ~ 64 岁劳动年龄人口的平均受教育年限达到 9.44 年，其中城市为 11.11 年，镇为 9.69 年，农村为 8.18 年；15 ~ 29 岁人口的平均受教育年限为 10.27 年，其中城市为 12.39 年，镇为 10.86 年，农村为 9.46 年。2018 年 3 月 5 日李克强总理在第十三届全国人民代表大会第一次会议上做政府工作报告时指出，劳动年龄人口平均受教育年限提高到 10.5 年。

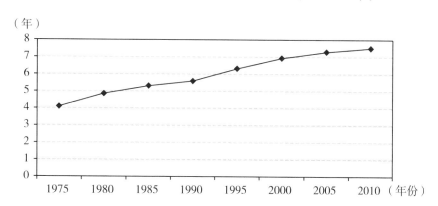

（年）

图 8 - 8　1975 ~ 2010 年中国 15 岁及以上人口平均受教育年限的变化

资料来源：World Bank，Database：Human Capital Index。

世界银行曾提出两个衡量一个国家人力资本积累水平的方法。一个方法是"人力资本指数"（HCI），指健康和教育对劳动者劳动生产率的贡献。该指数的数值范围从 0 到 1，数值 1 作为基准，指身体完全健康和接受完整教育的劳动力的劳动生产率。该指数反映的是一个新出生的孩子成长到 18 岁时所具有的人力资本水平。另一个方法是"财富账户"（wealth accounts）中的"人力资本财富"，指一个国家的劳动人口的终生收入的现值（2014 年美元不变价格）。前一个指标反映的是一个国家的人力资本投资水平，后一个指标反映的是一个国家的人力资本积累水平。这两个指标为人力资本积累水平的国家比较提供了条件，使我们能够更清楚地了解中国人力资本积累水平及其在国际上所处的地位。

根据世界银行的估算，2017 年中国人力资本指数为 0.67，处在四分位的第二分位上，明显高于上中等收入国家平均水平（见图 8 - 9），在 157 个经济体中排第 46 位，高于越南（0.666）、巴西（0.560）、印度（0.440）等发展中国家。这些数据表明，中国目前的人力资本投资水平已走在了发展中国家的前列。

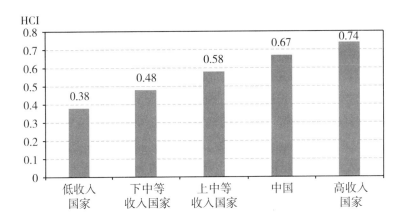

图 8 - 9　2017 年人力资本指数的国际比较

资料来源：World Bank，Human Capital Index，2018。

世界银行 2018 年发布的报告《国家财富变化 2018》（*The Changing Wealth of Nations* 2018）提供了中国人力资本财富增长情况（见图 8 - 10）。1995 年，中国人力资本财富价值 252730 亿美元，2014 年增加到 865000 亿美元，总共增加了 2.4 倍，年均增长率为 6.5%。这个增长速度显著快于上中等收入国家接近 4% 的增长率，而上中等收入国家的人力资本财富是各收入分组国家当中增长最快的。由此可以推断，1995～2014 年间中国应该是世界上人力资本财富增长最快的国家之一。从人均水平看，1995 年中

国劳动人口的人均人力资本为 20975 美元，2014 年增加到 63369 美元，19
年里增加了 2 倍，其中主要是 2005 年以后增长的（见图 8-11）。

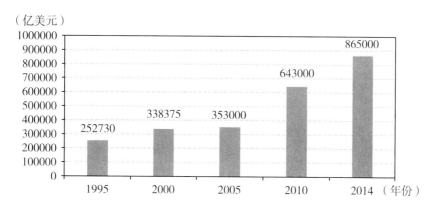

（亿美元）

图 8-10　中国人力资本总量的增长
注：人力资本定义为按照 2014 年美元价格计算的劳动人口终生收入现值。
资料来源：World Bank，Database：Wealth Accounts。

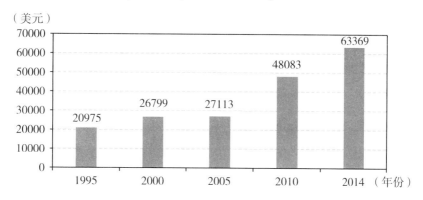

（美元）

图 8-11　中国劳动人口的人均人力资本增长
资料来源：World Bank，Database：Wealth Accounts。

研发人员（R&D personnel）是一个国家人力资本中的最核心部分，因
为他们是推动创新和技术进步的主力军。根据联合国教科文组织（UNESCO）
的数据，2012～2017 年中国的研发人员数量增加了 24.23%，2017 年研发
人员总数达到 403.3 万人，比欧洲高收入国家、日本、韩国的研发人员总
和还要多。虽然中国平均每千名劳动力中只有 5.02 名研发人员，与一些
发达国家相比还有很大差距（见图 8-12），但是，中国已经拥有了研发人
员规模优势。相比之下，印度的人口规模虽然已经非常接近中国，但印度
的研发人员规模只有 52.82 万人，仅相当于中国研发人员规模的 13.1%。

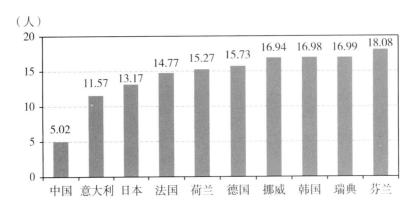

图 8 – 12　平均每千名劳动力中研发人员数的国际比较
资料来源：UNESCO，Database：UIS。

二、人力资本对中国经济增长的贡献

　　大量的实证研究结果显示，人力资本的快速积累为中国经济增长做出了重要贡献。王和姚（Wang and Yao，2003）估计1978～1999年间中国人力资本对增长贡献率为13.8%。胡永远（2003）的研究结果显示，1978～1998年间总人力资本对产出增长率的贡献率为14.6%。王金营（2001）的研究发现，中国1978～1998年的经济增长有16.9%来自劳动力的人力资本水平的提高。蔡昉和王德文（1999）估算的人力资本的贡献率更高一些，他们认为1982～1997年间人力资本对经济增长的贡献率为23.7%。孙敬水和董亚娟（2007）测算了1978～2004年间人力资本对经济增长的影响，他们发现人力资本对长期经济增长有持续的拉动效应，而且人力资本对经济增长的弹性远远大于物质资本。詹新宇（2012）利用中国1997～2007年省级面板数据的实证结果显示，人力资本对经济增长的贡献显著为正。赖明勇等（2005）的研究验证了1997～2003年间中国的人力资本投资对经济增长的双重效应：其一是劳动者受教育程度、职业技能、技术熟练程度提高直接增加产出水平；其二是通过增强本国技术吸收能力和研发水平而间接促进经济增长。以上研究基本上都是以受教育水平作为人力资本的代理变量。杨建芳等（2006）则同时考虑了教育和健康两类人力资本，他们利用1985～2000年中国29个省、自治区、直辖市的经验数据，实证分析了人力资本的积累和存量对中国经济增长的影响，发现人力资本积累对经济增长的贡献率为 16.8%，人力资本存量和技术水平对经济增长的协同贡献率为 39.9%。

有学者（Benhabib and Spiegel，1994）曾指出，一个国家赶上先进国家的速度是其人力资本存量水平的函数，落后国家如果具有较高存量水平的人力资本，就会在较短的时间内赶上和超过技术领先国家。中国经验很好地验证了这个论断。科学和技术进步在现代经济增长中越重要，人力资本的作用也就越重要，因为人力资本不仅是拉动经济增长的"引擎"，而且还是推动技术进步的"引擎"。新时代的中国经济增长将会在更大程度上依赖于技术进步和人力资本。

第五节 劳动力流动的配置效应

在中国的经济增长中，全要素生产率（TFP）是一个关键因素，而全要素生产率的提高在很大程度上得益于劳动力流动带来的配置效率（刘晓光、苟琴，2017；别朝霞、刘行，2017）。对于具有二元经济特征的发展中国家而言，农业部门剩余劳动力向现代部门的转移可以带来劳动力的配置效率，因此劳动力流动是经济发展的一个重要机制。直到改革开放初期，中国经济都是一个"强化版"的二元经济，因为户籍制度造成了劳动力市场分割，严格限制劳动力流动，在农村蓄积了大量的剩余劳动力。有研究估算，20 世纪 80 年代中期，中国农业剩余劳动力多达 1.5 亿~2 亿人，占农村劳动力的 30%~40%（Taylor，1993；Carter et al.，1996）。

一、农村剩余劳动力转移

改革开放初期的乡镇企业发展拉开了农业剩余劳动力转移的序幕，20世纪 80 年代乡镇企业的高速发展吸收了大量的农村剩余劳动力。有研究估计 1978 年全国的农民工[①]总共有 1912 万人，其中有 200 万人是外出务工

[①] 农民工，指户籍仍在农村，在本地从事非农产业或外出从业 6 个月以上的劳动者。

（童玉芬，2010；江立华，2018）。到 1988 年乡镇企业从业人员增加到
9545 万人，占农村劳动力的比重提高到 23.8%（邹晓涓，2011；王宝文，
2012）。但是，依托于乡镇企业的"离土不离乡"转移方式难以满足 1.5
亿规模的农村剩余劳动力转移需求，与此同时，城市经济的快速发展带动
了劳动需求的迅速增长，因此亟须破除阻碍劳动力流动的制度障碍。对
此，中央采取了一系列改革措施向农村劳动力开放城市劳动力市场，其中
有三项改革有力促进了农村劳动力剩余劳动力向城市转移：一是从 1984
年开始逐步开放小城镇和中小城市的落户限制；二是 1985 年全国建立了
身份证制度和城市暂住人口登记制度；三是 1993 年开始全国各地先后开
放粮食及其他产品价格，取消粮票及其他生活品的配给制度。随着劳动力
市场分割状态的改变，市场成为调节农村剩余劳动力转移的机制。图 8－13
呈现了全国农村转移劳动力数量的变化：1989 年，农业转移的劳动力共有
8498 万人，其中有 35% 是外出农民工；1995 年，转移总量增加到 1.3 亿
人，其中一半以上是转移到外地；转移总量在 2005 年超过了 2 亿人，2018
年达到近 2.9 亿人，而转移到外地的劳动力占比基本保持在 60% 左右（见
图 8－13）。

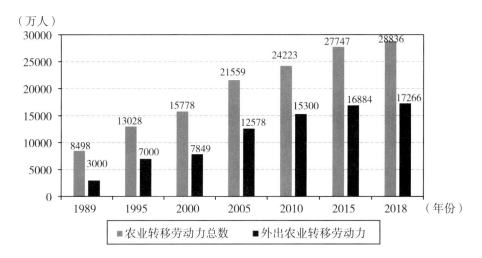

图 8－13　中国农业转移劳动力规模的增长

资料来源：江立华：《改革开放四十年来的人口流动与农业转移人口市民化》，载于
《社会发展研究》2018 年第 2 期。

二、劳动力流动带来的配置效率

农业剩余劳动力在产业间和空间上的大规模转移显著提高了劳动力的配置效率。中国实现的经济增长奇迹，既有生产要素迅速积累的原因，也有劳动力流动导致的再配置效应所带来的生产率提升（都阳，2014）。有学者认为，劳动力转移和重新配置是 1979～2010 年间中国经济增长最根本的源泉（蔡昉，2017）。一些实证研究结果表明，在农业剩余劳动力转移快速增长时期，劳动力配置效率对经济增长的贡献率在 20%～25%（世界银行，1998；蔡昉、王德文，1999）。郝大明（2015）的研究结论认为，1978～2014 年的劳动力配置效率提高对经济增长的贡献率为 18.5%，其中 1978～1987 年间的贡献率高达 35.2%。刘晓光、苟琴（2017）对 31 个省、直辖市、自治区 1992～2010 年工业部门面板数据分析发现，农业劳动力转移对中国全要素生产率具有显著的促进作用，通过增加劳动要素投入和促进技术进步两条渠道提升资本回报率。还有一些研究从劳动力转移对劳动生产率影响的角度实证劳动力的配置效率。贺京同、何蕾（2016）的研究结果显示，中国的劳动生产率具有显著的"结构红利"，劳动力的行业配置可以解释劳动生产率提升的 18.4%。张广婷等（2010）的实证结果发现，1997～2008 年中国农业剩余劳动力转移对劳动生产率提高的贡献率为 16.3%。

第六节 中国人口与经济关系的转变

与改革开放初期相比，目前的中国人口形势和经济形势都发生了巨大变化，人口与经济的关系因此也出现了重要转变。在过去几十年曾经支撑中国经济高速增长的几个重要人口因素，或式微或消失，使得人口与经济的结构性矛盾已经成为主要矛盾，尤其是老龄化，将在未来 30 年里一直影响中国经济的发展。另外，还有一些人口变化正在成为促进经济发展的积极力量。本节将对这些因素做一个简要的概述，由于老龄化具有特殊的重要性，本书设专章讨论。

一、劳动力供给形势的转变

劳动力供大于求曾经一直是中国劳动力市场的基本特征，经济增长模式选择、就业政策取向和收入分配制度都深受这个特征的影响。但是，进入2010年以来，劳动力供给形势出现了一系列新的变化：一是劳动力进入了一个长期负增长阶段；二是农业剩余劳动力转移已经越过了"刘易斯转折点"；三是劳动力年龄结构老化；四是劳动参与率出现下降趋势。这四个变化确定了未来中国劳动力市场供给持续减少的基本格局。从劳动力无限供给到相对短缺的变化正在推升劳动成本，过去建立在廉价劳动力无限供给基础上的增长模式已难以为继，建立在这个基础上的价格比较优势也将不复存在。

二、第一个人口红利消失

由抚养比下降带来的第一个人口红利在2017年已经消失。由于长期的低生育率和老龄化加速，中国人口抚养比在2017年开始进入一个长期的持续提高阶段（参见第七章），换言之，抚养比的变化不再有利于经济增长。即使在今后一段时间内（2032年之前）抚养比仍会低于50，但抚养比（尤其是老年抚养比）长期提高趋势给经济带来的负面影响不容乐观。国际经验表明，无论是在经济发展的哪个阶段，也无论是在何种经济形态中，投资都是推动经济发展的重要动力，因此储蓄率的水平至关重要。处于"马尔萨斯均衡陷阱"中的国家，其储蓄率因低收入和高人口增长而处于低水平上，因而难以实现经济起飞；而对于一些高收入国家而言，储蓄率因老年人口抚养比高而被压低，进而导致经济增长乏力。图8-14显示的是135个国家2005~2010年总抚养比与总储蓄率关系的分布状况，我们可以观察到三种情况：一是处于"马尔萨斯均衡陷阱"中的低收入国家，这些国家具有高抚养比、低储蓄率的特征；二是总抚养比低，但老年抚养比高、储蓄率低，主要是高收入国家及东欧国家，老年抚养比都在 20 以上, 甚至高达 30; 三是人口红利国家, 其特征是低抚养比、高储蓄率。根据联合国的中方案预测, 中国的老年抚养比将在 2025 年超过20, 2030 年超过 30, 届时中国是否会面临类似 2009 年和 2010 年 "欧债危机" 的局面非常值得警惕。

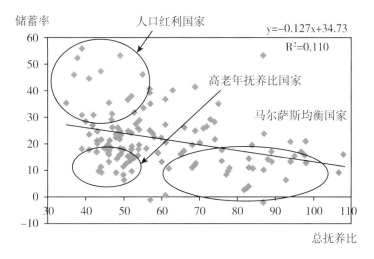

图 8-14　世界各国人口抚养比和储蓄率的散点图

注: 抚养比和储蓄率是 2005~2010 年的算术平均数。

资料来源: World Bank, Database: Development Indicators. United Nations, World Population Prospects: The 2019 Reversion.

三、人口负增长的影响

中国人口将在 2029 年左右进入长期负增长阶段, 这将是一个全新的人口形势。人口负增长将会给我国经济带来怎样的影响? 人口负增长是否会导致经济的长期停滞? 如何避免和克服人口负增长带来的经济风险和不利后果? 这些都是从现在就需要重视的重大的理论问题和政策议题。人口负增长与经济增长的关系应该是双向的, 当经济萧条时, 因收入和工作机会减少, 会出现因劳动力流出导致的人口负增长。另外, 人口长期负增长会导致市场需求萎缩, 规模效应消失, 缺乏投资激励, 进而可能会导致经济的停滞。需要指出的是, 中国的人口负增长并非是总人口规模单纯的减少, 因为减少的是劳动年龄人口和少儿人口, 换言之, 减少的是现实劳动力和未来的劳动力。与此同时, 老年人口则处于迅速增长中。总人口减少的这种结构性差异，可能会加剧人口负增长的不利影响。

四、人力资本供给

在中国经济的增长中，人力资本是一个重要的来源。在劳动力数量供给减少、人口抚养比提高的形势下，人力资本对于经济增长的意义更加突出，因此，中国经济的未来发展将主要依靠人力资本投入和技术进步。中国要跨进高收入国家行列，首先需要人力资本投资和积累水平达到高收入国家的水平。进入 21 世纪以来的中国教育事业发展为人力资本投资创造了更多、更好的机会，2017 年中国学龄前儿童的平均预期受教育年限已达到 13.25 年，即可以完成大学教育，这个水平与法国（13.96）、德国（13.89）、英国（13.89）、日本（13.64）及美国（13.32）已相差不多。但是，中国的人力资本指数水平与发达国家和地区还有一定的差距。从指数内部结构看，中国最主要的差距是教育质量，中国的教育质量指数为456，远远低于日本（563）、韩国（653）、中国香港地区（562），受这个短板的制约，调整后的平均预期受教育年限缩短到了 9.7 年。因此，改善教育质量是提高中国未来发展潜力和国际竞争力的必要途径。

五、第二个人口红利

第二个人口红利，是指人们因应对人口因素变化而采取的经济行为（如储蓄、劳动供给、子女教育等）所带来的宏观经济效应（Bloom et al.，2009）。第二个人口红利对经济增长的贡献体现在三个方面。第一，生育孩子数量的减少激励了父母对子女人力资本（主要是教育和健康）投资的需求，也提高了父母进行这种投资的能力（Leer and Mason，2010），此外，它也为父母对自身的人力资本进行投资提供了更多机会；第二，预期寿命的延长会促使人们调整自己整个生命周期的规划和风险应对策略（Acemoglu and Johnson，2007；Bloom et al.，2003），如增加长期储蓄；第三，预期寿命延长和健康状况改善会提高老年人的劳动供给。微观个体行为的这些变化在宏观层面上聚合为推动经济增长的重要动力，如促进资本深化和创新。这些有利于经济增长的"行为效应"就是"第二个人口红利"（Mason and Lee，2004）。对于中国而言，收获第二个人口红利还需要一系列的制度创新，如建立一个更具有弹性和竞争性的劳动力市场，建立公平、合理的收入分配制度，建立富有激励性的社会养老保障制度，建立更有利于人力资本投资的教育制度、培训制度和健康保障制度，从而全面启动第二个人口红利的实现机制。

六、城镇化与经济新常态下的发展

人口城镇化既是经济发展的结果，也是经济进一步发展的基础。2019年，中国人口城镇化水平已经达到60%，目前已经进入城镇化发展的中后期阶段。一些国家的经验表明，城镇化水平从60%提高到75%这个发展阶段，仍然可以获得较高的经济增长速度。例如，日本经历这个阶段的时间是 1955～1974 年，正处于经济快速发展阶段，其中的 1960～1970 年国民生产总值年均增长 11.3%；韩国经历这个发展阶段的时间是 1982～1990年，国民生产总值年均增长 9.75%。对于中国而言，这个阶段的城镇化也是经济新常态下推动经济发展的重要因素。在这个发展阶段，城镇化将以提高城镇化质量和协同农村共同发展为特征，大都市区、城市群的聚集效应、规模效应和溢出效应更加突出，这将成为推动中国经济持续发展的重要动力。

《 第九章 》

人口与社会发展

社会发展是人类发展的基本方面，人口发展是社会发展的重要内容。20 世纪末，中国人口再生产类型的现代化已经基本实现。在 21 世纪，中国人口进入了一个新的全面发展阶段，作为社会基本构成要素的人口，其与社会发展的关系日趋显现，日趋紧密，日趋复杂。

第一节 中国社会发展的成就

新中国成立以来，中国的社会发展取得了巨大进步。改革开放以来，中国的现代化进程快速推进，在经济高速发展的同时，社会发展也取得了巨大成就。关于社会发展，根据不同的角度和涉及内容的广泛程度对其内涵有不同层次的界定：首先，社会发展是社会的整体发展，包括经济发展、政治发展、文化发展和人的发展等各个方面在内的社会有机整体的发展与协调；其次，社会发展指的是社会有机整体中除经济发展之外的其他方面的发展，包括人民生活质量、城镇化程度、教育水平、人口素质、社会保障和生态环境等方面；最后，社会发展归根结底是指人的发展，主要包括人的发展需求的满足、自我价值和社会价值的实现等方面。

一、中国人类发展水平的提高

中国的社会发展在各个领域全面展开，稳定、繁荣和进步已成为中国社会发展的标志。为了从国际比较的视角全面反映中国社会发展的进步和成就，我们采用了联合国计划开发署（UNDP）编制的人类发展指数（HDI）来衡量中国的社会发展及在全球发展中所处的位置。联合国计划开发署对人类发展水平分类标准，指数值低于 0.55 为低发展水平，0.55~0.699 为中等发展水平，0.7~0.799 为高发展水平，0.8 及以上为极高发展水平。1990年，中国的人类发展指数值为 0.502，处于低发展水平状态；2000 年，中国的人类发展指数值提高到 0.594，成为中等人类发展水平国家，2010 年，中国的人类发展指数值提高到 0.706，进入了高人类发展水平国家行列。在1990~2010 年期间，中国人类发展水平迈上了两个台阶，2017 年，中国的人类发展指数值达到了 0.752（见图 9-1）。联合国计划开发署 2018 年发表的报告《人类发展指数与指标：2018 年统计更新》显示，在 1990~2017 年间，全球人类发展指数水平提高了 27.1%，中国的人类发展指数水平提高了49.8%。1990 年，中国的人类发展指数水平比世界平均水平低 15.8%，比发展中国家平均水平低 2.5%，2017 年已比世界平均水平高 3.3%，比发展中国家平均水平高 10.4%。1990~2017 年间，中国人类发展指数值年均增长率为1.5%，显著高于世界平均水平（0.73）和发展中国家平均水平（1.04）。2017年，中国人类发展水平世界排名第 86 位，与 1990 年相比，提升了 17 位。

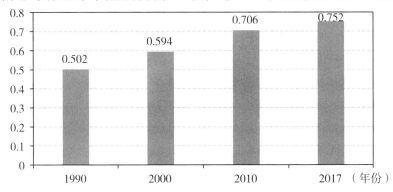

图 9-1　1990~2017 年中国人类发展指数值的变化

资料来源：UNDP, Global Human Development Indicators, http://hdr.undp.org/en/countries。

二、中国的多维度人类发展

人类发展指数是由多个发展维度指标构成的综合指标，2010 年之前包括三个基本维度指标——以出生时预期寿命来衡量过上健康长寿生活的能力；以平均受教育年限和预期受教育年限来衡量获取知识的能力；以人均国民总收入来衡量过上体面生活的能力（UNDP，2018）。为了更全面地衡量人类发展，从 2010 年开始，人类发展指数扩展为四个综合指标，包括不平等调整后的人类发展指数（IHDI）、性别发展指数（GDI）、性别不平等指数（GII）、多维贫困指数（MPI）。

（一）社会不平等状况的改善

2010 年，中国的不平等调整后的人类发展指数值为 0.544，人类发展水平因不平等的整体损失率为 22.9%。2017 年，中国的不平等调整后的人类发展指数值为 0.643，损失率下降到 14.5%，这个损失率低于高人类发展组别国家平均损失率 1.5 个百分点，低于发展中国家平均损失率 7.5 个百分点，低于世界平均损失率 5.5 个百分点（见图 9 - 2）。2017 年，按照不平等调整后的人类发展指数排名，中国提升了 5 个位次，指数值超过了高人类发展类别国家平均值 1.1%，超过世界平均值 10.5%。这些数据表明，中国的社会不平等状况出现了明显改善，同时也反映出中国社会快速进步的步伐。

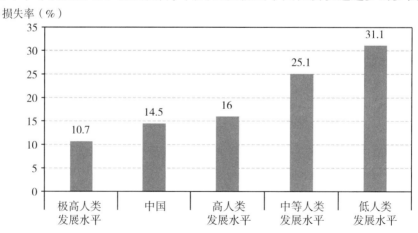

图 9 - 2 **2017 年因不平等造成的人类发展指数损失程度的国际比较**

资料来源：UNDP, Human Development Data (1990 - 2017), http://hdr. undp. org/en/data。

（二）女性发展和社会性别平等

从全球来看，2017 年女性的人类发展指数平均值为 0.705，中国女性人类发展指数值为 0.735，高于世界平均水平 4.3%，高于发展中国家平均水平 13.3%。2017 年，中国的性别发展指数值为 0.955，属于 5 个组别中的第 2 组[①]，分别比世界平均水平和发展中国家平均水平高 1.5% 和 4.1%。另一个衡量人类发展性别差异的指标是性别不平等指数，它揭示了女性在生殖健康、教育、政治代表权和劳动力市场中所面临的不平等（UNDP，2018）。GII 值越大，性别不平等程度越高。2017 年，中国的性别不平等指数值为 0.15，显著低于各人类发展组别（见图 9 - 3），按照性别平等水平由高到低排名，中国在全球排名第 36 位。由此可见，中国的女性发展已取得了巨大进步，社会性别平等走在了世界前列。

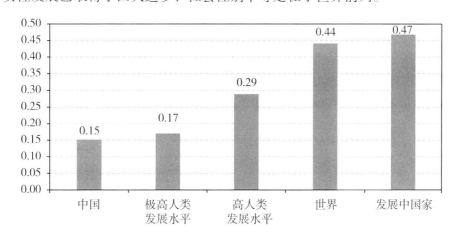

图 9 - 3　2017 年性别不平等指数值的国际比较

资料来源：UNDP，Human Development Data（1990 - 2017），http：//hdr. undp. org/en/data。

（三）消除贫困

消除贫困、改善民生、逐步实现共同富裕，是社会主义的本质要求，是中国共产党的重要使命。国家统计局 2018 年发布的《改革开放 40 年经

[①]　根据 HDI 值性别均等的绝对偏差将所有国家分为五个组别，其中组别 1：对于女性和男性在人类发展指数方面取得的成就平等程度高的国家，其绝对偏差值小于 2.5%；组别 2：对于女性和男性在人类发展指数方面取得的成就平等程度较高的国家，其绝对偏差值大于等于 2.5%，小于 5%（UNDP，2018）。

济社会发展成就报告》显示，按照世界银行每人每天 1.9 美元的国际贫困标准及世界银行公布的数据，中国贫困人口从 1981 年末的 8.78 亿人减少到 2013 年末的 2511 万人，累计减少贫困人口 8.53 亿人，减贫人口占全球减贫人口规模的 70% 以上。中国的贫困发生率从 1981 年末的 88.3% 下降到 2013 年末的 1.9%，下降幅度超过全球贫困发生率下降幅度的 1.75 倍。这是改革开放所取得的最伟大的成就之一。中国成为全球最早实现联合国千年发展目标中减贫目标的发展中国家，为全球减贫事业做出了重大贡献。这是一个非常了不起的成就。

联合国 2019 年发布的《2019 年全球多维贫困指数：消除不平等》（UNDP，2019）[①] 同样展现了中国在减少多维贫困上所取得的成就。这份报告中的数据显示，2014 年，中国的多维贫困指数值为 0.016，在 101 个发展中国家排名（按指数值由低到高排序）第 22 位，多维贫困发生率为 3.9%，排名第 24 位。2014 年，中国处于每人每天不到 1.9 美元（购买力平价）国际贫困线以下的人口比例为 0.7%，远远低于发展中国家平均水平（14.2%），在 101 个发展中国家中排名第 12 位（按贫困发生率由低到高排序）。

第二节　社会发展中的人口发展

人口发展是指人口随着社会生产方式的进步和社会经济条件的变化，其数量增长、质量、构成和各种外部关系不断地由低级向高级运动的过程；或者，人口发展是指一个社会的人口向着适度人口规模、优良人口素质、均衡人口结构、合理人口分布的演进过程。人口转变是人口发展过程的一个特定历史阶段。

人口发展是嵌套在社会发展之中的，它既是社会发展的重要内容，也是社会发展的重要动力。另外，人口发展与社会发展的其他方面是一种系

---

① UNDP 最新修订的多维贫困指数（MPI）揭示了健康、教育、生活水平在家庭层面临的多维重叠剥夺。它是由 10 个剥夺指标的加权平均值计算而得，包括学业成就和出勤率、营养、儿童死亡率、资产和获得某些生活基本服务的情况等（UNDP，2018）。

统关系，当人口发展与社会其他方面的发展彼此协调时，社会发展就处于均衡发展状态；如果人口发展与社会其他方面发展不协调时，就会产生社会矛盾，进而影响到整个社会发展系统的稳定性和均衡性。就中国的人口发展与社会发展关系而言，均衡状态和非均衡状态都曾经存在过。

人口与社会发展的关系还体现在人口健康、受教育水平和人口城镇化等方面。本书前面的章节已经对中国人口这三个方面的发展状况做了介绍，本节将着重从社会发展角度解析中国人口的发展。

一、社会发展中的人口转变

中国人口转变的动力源自社会发展和经济发展，在人口转变的第二个阶段，即生育转变阶段，计划生育政策发挥了重要作用。社会发展和经济发展是人口转变的发动机，计划生育政策是加速器。

推动中国人口转变的第一个力量是新中国成立后的社会进步。人口转变是从死亡率下降开始的，或者说，死亡率转变是人口转变的第一个阶段。新中国成立后，人民安居乐业，医疗卫生事业取得了显著的进步，例如，广泛开展的"预防和减少疾病，保护人民健康"的爱国卫生运动，初级卫生医疗体系的建立、妇幼保健事业快速发展，农村合作医疗制度，等等，都有效地改善了人民的健康状况，尤其是在防治血吸虫、疟疾等传染病方面取得了显著成效。1958 年 7 月 1 日，毛泽东同志在欣闻江西省余江县消灭血吸虫病的消息之后，欣然赋诗《七律二首·送瘟神》："绿水青山枉自多，华佗无奈小虫何！千村薛荔人遗矢，万户萧疏鬼唱歌。坐地日行八万里，巡天遥看一千河。牛郎欲问瘟神事，一样悲欢逐世波。""春风杨柳万千条，六亿神州尽舜尧。红雨随心翻作浪，青山着意化为桥。天连五岭银锄落，地动三河铁臂摇。借问瘟君欲何往，纸船明烛照天烧。"在新中国成立的第一个十年取得的成就中，人民健康水平的提高和死亡率大幅度下降是最了不起的。时至今日，中国人民早已扔掉了"东亚病夫"的帽子，人民的整体健康水平已经超过了上中等收入国家的平均水平（见图9-4）。第二次世界大战以后的世界各国死亡率转变经验表明，死亡率下降的主要原因是对营养不良和传染性疾病的有效防治，因此相比于经济发展而言，社会发展和医疗卫生事业进步所发挥的作用更为重要。如第二章所述，新中国的死亡率转变走在了大多数发展中国家的前面，虽然是在经济欠发达状态下发生的，但因社会发展的大力推动，死亡率转变具有启动早、发展快、程度高等特点，成为发展中国家人口死亡率转变的典范。

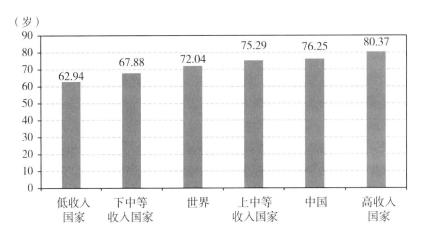

图 9-4　2016 年出生时平均预期寿命的国家比较

资料来源：World Bank，Database：Health Nutrition and Population Statistics。

社会发展在中国的生育率转变中也发挥了不可替代的作用。中国整体上的生育率转变是在 20 世纪 70 年代开始的，但是一些大城市人口的生育率早在 60 年代就出现了明显下降。一项根据 1982 年上海市千分之一生育率抽样调查数据的研究表明（沈安安等，1984），上海市 50 年代的总和生育率为 4.75，60 年代就降到了 2.83。在全国人口的生育率开始转变的 70 年代，上海市的总和生育率已经降到了 1.44。这表明，社会现代化因素对生育率的影响在计划生育政策实施之前就已经存在。与死亡率转变不同，生育率转变需要更高程度的社会经济发展，因而在生育率转变与死亡率转变之间有一个"时滞"。从人口增长动力机制看，这个时滞越长，人口增长就越快。计划生育政策的一个关键作用是提前启动了生育率转变（李建新、涂肇庆，2005；陈卫，2005），并在很短的时间内带来了生育率的大幅度下降，1970～1978 年间总和生育率下降了 53%。在此期间，中国的社会经济发展几乎处于停滞状态，因此，生育率的大幅度下降是严格实行计划生育政策的结果。

在生育率转变的前期阶段，计划生育政策超前于社会发展，一些民生制度安排发展滞后（如农村社会养老保险的缺位），造成了一些与计划生育相关的社会矛盾和问题。但是，自20世纪90年代初以来，由于市场经济快速发展，民生制度不断完善，社会现代化程度不断提高，生育率转变的社会条件成熟，人们的生育观念和行为都发生深刻变化。特别需要指出的是，一些重要的现代化因素，如女性发展、受教育水平的提高、在非农部门的就业、在城市中的生活等，都使得农村年轻人接受了现代生育观念，其生育水平普遍下降。根据全国流动人口动态监测调查数据，2009年农村户籍流动妇女的总和生育率为1.82，2010年为1.68（国家卫计委，2013）；2017年，35～39岁农村户籍的已婚流动妇女平均曾生子女数为1.73个（国家卫健委，2018）。中国生育率的转变是中国社会现代化、城镇化、非农化的结果。

二、社会发展中的人口素质提升

人口素质的提升以社会发展为基础和前提。改革开放以来，中国人口的受教育状况获得了显著改善，人口的平均受教育水平大幅度提高（参见本书第五章）。联合国的人类发展指标中的教育成果指标数据也呈现了中国人口受教育状况的改善。2017年，中国25岁及以上人口中至少接受过中等教育的人口占比为77%，比发展中国家平均水平高出17.2个百分点，比世界平均水平高出10.5个百分点；高等教育适龄人口中接受高等教育的人口占比为48%，比发展中国家平均水平高出16个百分点，比世界平均水平高出12个百分点。这些成就的取得源自两个方面的原因。一方面是社会发展和个人自我发展需求激发的教育需求。首先，计划生育使父母对孩子的数量需求转为对孩子的质量需求，加之社会竞争压力和社会流动期望，父母对孩子的教育投资更为积极。其次，人力资本在经济发展中的地位和作用不断加强，企业对人力资本需求不断增加，教育的经济价值随之不断提高。另一方面是教育事业的快速发展，尤其是九年义务教育的全面实现和高等教育的大众化都有力地提升了人口素质，尤其是年轻人口的素质。

三、社会发展中的人口流动和人口城镇化

人口流动和城镇化既是人口现象，也是社会现代化的重要内容。在中国，人口流动和城镇化具有特殊意义，它在很大程度上体现了社会的发展和进步。在计划经济时代，人口迁移和流动受到严格控制，城市大门因城乡分离的户籍制度而对农村人口关闭。在这种情况下，人口迁移流动和城镇化的社会意义和经济价值难有实现的机会。改革开放以后，经济的快速发展和非农劳动力市场的迅速扩大为农村剩余劳动力的转移提供了机会，城市劳动力市场也向农村劳动力敞开了大门，从而形成了数以亿计的流动人口。进入 21 世纪以来，随着户籍制度的改革和城市的发展，人口城镇化的进程不断加速。中国之所以能够出现大规模的人口流动和快速发展的城镇化，很大程度上是因为民生制度改革和社会发展为人民所提供的发展机会和实现路径。

第三节　人口发展对社会发展的影响

人口发展不仅仅是社会发展的结果，而且还是推动社会发展的重要力量。健康、教育、平等、减少贫困等是社会发展的核心内容，中国人口发展在这些方面不仅体现了社会发展的成果，同时也成为推动这些领域发展的重要力量。

一、生育率下降对女性发展的积极影响

中国女性的发展水平已处于发展中国家的前列，如前所述，2017 年中国女性人类发展指数值和性别发展指数值，都超过了世界平均水平和发展中国家平均水平。这表明，中国女性在健康、教育和工作收入等方面都获得了成功。2017 年，女性出生时的平均预期寿命达到了 78 岁，比男性高出 3.1 岁；女性平均预期受教育年限达到了 14 年，比男性多 0.4 年。2017

年，中国女性人口的人均收入为 12053 美元（2011 年购买力平价美元），虽然只相当于男性人口人均收入的 65.9%，但这个差距只大于北欧国家及其他几个发达国家，而小于极高人类发展组别国家、高人类发展组别国家和 OECD 国家（见图 9－5）。中国女性人口的人均收入与男性人口的差距之所以相对较小，其中的主要原因是中国女性在劳动力市场上的高参与率。尽管在过去十几年中因高等教育的快速发展降低了大学适龄女性人口的劳动参与率，但 2017 年中国 15 岁及以上女性人口的劳动力市场参与率仍达到 61.5%，排在世界前列（见图 9－6）。

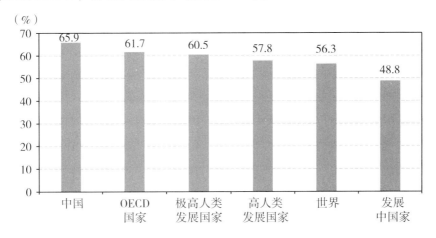

图 9－5　2017 年女性人口人均收入与男性人口
人均收入的比值（男性 = 100）

资料来源：UNDP，Human Development Indices and Indicators. 2018 Statistical update。

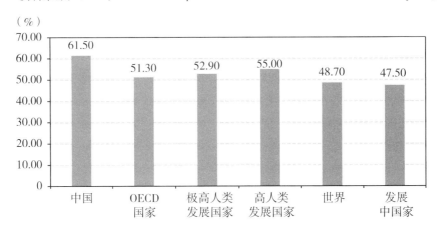

图 9－6　2017 年女性劳动力市场参与率的国际比较

资料来源：UNDP，Human Development Indices and Indicators. 2018 Statistical update。

中国女性的劳动力市场高参与率在很大程度上与生育率转变有关。首先，生育率的下降减轻了女性生育和养育子女的负担，使她们有更多的时间和精力投入劳动力市场。其次，晚婚和晚育使女性有机会接受更多的教育。事实上，目前的在校大学生中，女生人数已经超过了男生。教育提高了女性的人力资本存量，增强了她们在劳动力市场上的竞争力和收入能力。最后，低生育率增加了女性流动的机会及可能性，在中国的流动人口中，女性占比超过了48%。女性受教育水平的提高、高劳动力市场参与率和流动性的增加等，都促进了女性发展。

二、人口发展对减少贫困的积极影响

中国在减少贫困上取得了巨大成功，而这个成功的取得与人口发展密不可分。从人口发展角度看，中国之所以用了不到40年时间使8.53亿人摆脱了贫困，其中有四个主要原因：第一，经济的高速发展和城市劳动力市场的开放，使数亿计的农村剩余劳动力通过乡城流动的方式实现了产业转移，不仅他们摆脱了贫困，而且有许多人和家庭实现了小康甚至富裕的生活。第二，生育率下降使个人和家庭从多生多育的负担中解脱出来，提高了其劳动力市场供给能力，进而使收入增加。第三，健康状况的改善降低了"因病致贫"的发生概率，使个人和家庭有更多的时间资源投入到有收入的劳动之中。第四，受教育水平的提高增强了贫困人口的自我发展能力，并且增加了社会流动的机会，减少了贫困的代际传递现象。

三、人口流动对各个领域的民生制度改革的推动

在计划经济时代，人口基本上是固化在其户籍所在地，人口迁移和流动的概率非常小。另外，各项民生制度（包括教育、就业、社会养老保险、社会医疗保险等）基本上都是区域性和地方性的，而且不同地区民生制度安排之间是分隔的。这种状态在人口不流动的状态下尚可，但是，当出现人口大规模流动时，就必然给这种制度安排带来冲击，或者说，这样的制度安排已不能适应农村剩余劳动力转移和人口流动的要求。大规模的

人口流动不仅形成了对原有的各项民生制度的冲击，同时也提出了各项相关民生制度改革的迫切需求。为了满足流动人口的生活需要和发展需求，适应人口城镇化形势的要求，中国政府已先后采取了一系列改革措施。例如，20 世纪 80 年代国务院颁布了《关于农民进入集镇落户问题的通知》(1984 年)、《中华人民共和国居民身份证试行条例》(1984 年)，公安部颁布了《关于城镇暂住人口管理的暂行规定》(1985 年)。90 年代，国务院颁布《关于加快粮食流动体制改革的通知》(1993 年)，国家教委和公安部出台了《流动儿童少年就学暂行办法》(1998 年)。进入 21 世纪以后，改革的力度不断加大，2003 年，国务院颁布了《城市生活无着的乞讨人员救助管理办法》，废除实行了 21 年的《城市流浪乞讨人员收容遣送办法》，国务院办公厅下发了《国务院办公厅关于做好农民进城务工就业管理和服务工作的通知》；2006 年国务院出台了《关于解决农民工问题的若干意见》。2012 年，国务院《关于印发国家基本公共体系："十二五"规划的通知》提出"加快建立农民工等流动人口基本公共服务制度，逐步实现基本公共服务由户籍人口项常住人口扩展"。2014 年，中共中央、国务院发布《国家新型城镇化规划（2014—2020 年）》，要求将流动人口纳入流入地社会经济发展规划中，有序推进符合条件的农业转移人口落户城镇，保障随迁子女享受平等的教育权利；国务院发布了《关于进一步做好为农民工服务工作的意见》《关于进一步推进户籍制度改革的意见》。这些文件的出台，破除了人口流动的制度障碍，使人人都有通过辛勤劳动实现自身发展的机会。大规模人口流动的社会意义在于冲破了城乡之间的壁垒，开始改变社会二元结构，促进了社会流动，这无疑是中国社会的一个历史性进步。

四、人口城镇化对于社会现代化的积极意义

人口城镇化的社会价值不亚于其经济意义。在过去的 40 年里，中国的人口城镇化破局了长期停滞状态，实现了快速发展，目前人口城镇化水平已经超过了 60%。城镇化是促进社会全面进步的必然要求。城镇化作为人类文明进步的产物，既能提高生产活动效率，又能富裕农民、造福人

民，全面提升生活质量，促进社会和谐进步。

在中国，人口城镇化的社会意义主要体现在四个方面：第一，城镇化是缩小城乡发展差异的主要途径。曾经在很长一个时期，中国的城乡发展水平差异显著，城乡隔离严重，这种状况严重制约了8亿农民的发展，在农村蓄积了大量的剩余劳动力，使贫困问题难以获得解决。城镇化打破了这个困局，有力地促进了农村剩余劳动力向非农产业的转移，增加了流动人口和农村人口的收入，减少了贫困，缩小了城乡之间的发展差距。第二，城镇化推动了两个二元社会结构的转变，其一是城乡二元结构的转变，城乡一体化的发展，促进了城乡各种发展资源的互通、互融、互惠；其二是城市社会二元结构的转变，这有利于维护社会公平正义、消除社会风险隐患。第三，城镇化有利于人的全面发展和思想观念及生活方式的现代化。人的现代化是社会发展水平的重要标志，城市是现代化思想观念、生活方式，以及新技术、新知识的发生源和传播地，城镇化水平的提高意味着有更多的人可以受到现代化的影响。第四，城镇化提高了公共服务的水平和可及性，为更多的人提供了更高的发展平台和更好的保障手段。

第四节 人口形势变化对社会发展提出的新需求

中国人口已经进入了一个新的发展阶段，这个阶段的人口形势变化对社会发展提出了新的需求，需要在制度、政策和文化层面给予积极的应对。其中，需要关注以下几个问题。

一、人口老龄化与积极、健康老龄社会的构建

来自人口形势变化对于中国社会发展的最大挑战是人口老龄化。人口老龄化对社会发展的影响是多方面的。第一，老龄化直接影响甚至改变了家庭代际关系和社会代际关系。第二，老龄化直接影响到收入分配和公共资源的分配关系。第三，老龄化直接影响到劳动力供给行为和劳动力市场供求关系。第四，老龄化催生了老年人消费产品和服务的巨大

需求。面对这些影响的到来，我们在相关的制度准备和资源准备上还明显不足。显而易见的是，老龄化将给中国带来一场社会变革，这既是挑战，也是机遇。

国际经验证明，建立积极的和健康的老龄社会是应对老龄化挑战的最有效途径。积极老龄化是指创造老年人的健康、参与、保障的机会，提高老年人的生活质量。健康老龄化是指促进老年人身心健康和良好的社会支持环境。在中国，积极老龄化和健康老龄化也被视为老龄社会发展的目标模式。构建一个积极和健康的老龄社会，首先需要做好以下几个方面的工作：第一，建立一个公平、有效的老年人生活和健康支持体系。这个体系包括社会养老保险、社会医疗保险、医疗卫生服务、生活照料服务，以及符合老年人需求和消费特征的产品供给。第二，从制度、政策和文化等多个方面促进社会代际团结，尤其是在社会资源代际分配制度安排上必须遵循公平公正的原则。社会资源代际分配的基础是每一个人对这个资源池的贡献，因此，社会资源的代际分配本质上是个人资源在其整个生命周期不同阶段的分配。与其他资源不同的是，这个与个人生命周期密切联系的分配制度必须是建立在公平公正和代际团结基础之上。第三，提高劳动力市场的弹性和工作场所的适应性，为老年人（主要是 70 岁以下的低龄老年人）的经济参与提供机会。通过技术进步、制度创新和终生培训制度等，可以延长老年人的工作生命周期。第四，建立老年人贫困的防范机制，为老年人有质量的、尊严的、安全的生活提供社会保障。

二、低生育率与生育友好型社会的构建

长期的低生育率是中国目前面临的另一个重要的人口问题，如果这个问题不能得到解决，将进一步加剧老龄化的压力，并引发一系列不利的社会经济后果。中国政府已经在完善生育政策上采取了实质性的行动，在"全面二孩"政策实施后，生育率水平出现了一定程度的回升。例如，国家卫健委进行了"2017 年全国生育状况抽样调查"结果显示，2016 年总和生育率回升到了 1.77（贺丹等，2018）。但是，这个回升在一定程度上是对 2015（羊）年生育低谷（总和生育率为 1.41）的补偿。国家统计局

最新公布的数据显示，2018 年全国出生人数分别比 2016 年和 2017 年减少了 263 万人和 200 万人。这表明，"全面二孩"政策效应正在减弱，生育率回落到 2015 之前的水平。

在我国当代的社会经济条件下，生育行为是夫妇理性决策的结果，生育率回升乏力实际上是低生育意愿导致的结果，目前我国育龄夫妇，尤其是青年夫妇的生育意愿大大低于更替水平。有调查显示，我国青年夫妇的生育意愿甚至低于长期处于超低生育率国家的生育意愿。对于老龄化挑战日益严重的我国而言，这是一个非常值得重视的危险信号。因为在育龄群体生育意愿持续低迷的情况下，低生育率陷阱的风险就会加大。如果这种局面不能得到根本性扭转，我们就将不可避免地进入一个超级老龄化的社会。人们的生育意愿之所以降到如此地步，是与育龄群体尤其是青年人面对的多重压力直接有关。第一重压力是竞争压力，我国目前处于个体全面竞争的时代，包括学习竞争、职场竞争、收入竞争、地位竞争，等等。青年人对这些竞争压力的感受最深，所受到的影响也最大。第二重压力是生活成本压力，尤其是畸高的房价，使得许多青年人不得不推迟结婚和生育，也不得不降低生育意愿。另一个值得注意的问题是，工作和生活在城市里的流动人口因生活缺乏安定性和工作缺乏稳定性，他们的婚姻和生育也受到了不利影响。第三重压力是教育压力，面对激烈的社会竞争，父母们都是尽最大的可能和能力为孩子的教育投资，这种压力使得许多青年人对生育望而却步。第四重压力是家庭照料负担压力，由于婴幼儿正式照料社会供给资源的匮乏，绝大多数婴幼儿的照料是由父母或（外）祖父母承担的，这种照料压力对作为生育主体的女性而言，更为直接和沉重。不仅如此，这些压力彼此之间还会相互作用形成更大的压力。因此，我国生育率的决定机制已经完全转变成为多重压力下的成本约束。要解决我国的低生育率问题，需要构建一个生育友好型的社会和政策环境。

三、家庭变迁与家庭发展能力建设

在经济发展、社会转型、人口转变、人口流动和城镇化的过程中，中国的家庭经历了全方位的、整体性的、系统性的变迁（国家卫生计生委，

2014）。这些变迁体现在家庭规模小型化、家庭结构简单化、家庭类型核心化和网络化、家庭空巢化、家庭关系多元化等方面，同时也导致了家庭功能及其供求关系的变化。家庭是人口再生产、物质和文化生活再生产、劳动力再生产的基本单位。因此，家庭变迁不可避免地带来一些社会问题和新的社会需求。家庭是社会的细胞，家庭发展是社会发展的微观基础。家庭发展是指在特定的社会经济条件下满足每个家庭成员在生理、心理、发展和自我实现等方面的需求，促进家庭福利水平提高和家庭成员的全面发展（国家卫生计生委，2014）。

家庭发展的一个重要途径是家庭发展能力建设，即增强家庭凭借所获取的资源满足每一个家庭成员生活与发展需要的能力（吴帆、李建民，2012）。支持家庭发展能力建设应该作为我国家庭政策的优先领域。具体包括：（1）鼓励和支持家庭的人力资本投资，提高家庭收入能力和应对风险的能力；（2）促进"工作—家庭平衡"，缓解女性的母职和工作的角色冲突；（3）鼓励家庭代际团结和代际支持，为老年人居家养老创造更好的条件；（4）通过公共服务和鼓励市场服务供给等途径调节家庭功能供求关系，以增进每个家庭成员的福利；（5）支持团聚型和网络型的家庭生活安排，增强家庭成员之间的交流，促进家庭关系和谐。

四、出生性别比失衡继发问题的治理

中国的出生性别失衡是一个严重的社会现象，从20世纪80年代开始，出生人口性别比持续攀升，1982年为108.47，从1994年起都超过了115，2004年甚至达到了121.18。出生性别比长期失衡已经形成一种潜在的社会危机，随着出生性别比严重失衡年代出生的人口进入婚育年龄，我国目前已经进入了性别结构敏感时期，出生性别比失衡的继发问题很可能出现，如婚姻市场挤压、结婚成本高涨、女性人身安全风险等；一些连锁反应的风险概率也会增加，如对公共安全和社会稳定的不利影响，跨国婚姻及相关联的国际移民问题等，这些问题和风险必须引起足够的重视。从更长的时期看，最终会有一批规模可观的男性人口终身难以成婚，以至孤老终生。

第十章

新中国一百年时的人口

新中国成立以来，中国人口发展已经走过了 70 年的发展历程。在这 70 年中，中国人口获得了全面发展，人口再生产类型实现了现代化，人口素质大幅度提高，人口城镇化社会快速提升。另外，人口的快速转变及当前状态直接决定着中国人口未来的变局。本章将呈现未来 30 年的中国人口发展趋势和新中国成立 100 年时的人口情景。

第一节 中国人口未来变化趋势（2020～2050 年）

本节对中国人口未来变化趋势的分析主要是基于联合国《2019 年版世界人口展望》《2018 年版世界人口城市化展望》中的预测数据，以及一些作为参照国家的人口发展指标。

一、人口增长变化趋势

根据 2019 年联合国发布的中方案预测，中国人口规模将在 2031 年达到人口峰值 14.64 亿人，从 2032 年开始进入负增长时期[①]，2049 年减少到

[①] 联合国 2019 年的中方案预测的人口负增长出现时间比 2017 年预测的时间推迟了 2 年，之所以出现这个变化，是因为 2019 年人口预测调高了总和生育率参数，例如，2020～2025 年的总和生育率从 1.66 调高到 1.70，2025～2030 年的总和生育率从 1.69 调高到 1.72。

14.08 亿人，2050 年减少到 14.02 亿人。如果总和生育率跌到"低生育率陷阱"的话（见表 10－1），人口峰值（2024 年）将削减到 14.47 亿人，比中方案的人口峰值少 1700 万人，负增长将提前到 2025 年出现，2050 年将减少到 12.94 亿人。如果总和生育率一直保持在 1.69 的水平，人口峰值将在 2030 年出现（14.63 亿人），从 2031 年开始进入负增长，2050 年减少到 13.93 亿人（见图 10－1）。由此可见，生育水平是中国人口未来增长趋势最关键的决定因素。可以肯定地说，未来 30 年中，人口负增长的出现将不可避免。由于人口负增长惯性，即使从现在开始总和生育率回升到更替水平，人口也将在 2040 年转为负增长。

表 10－1　　　　不同预测方案下中国人口的生育率参数

预测方案	2020～2025 年	2025～2030 年	2030～2035 年	2035～2040 年	2040～2045 年	2045～2050 年
中方案	1.7048	1.7169	1.7278	1.7335	1.7425	1.7474
低方案	1.45	1.32	1.23	1.23	1.24	1.25
生育率不变	1.69	1.69	1.69	1.69	1.69	1.69

资料来源：United Nations，The World Population Prospects：The 2019 Revision。

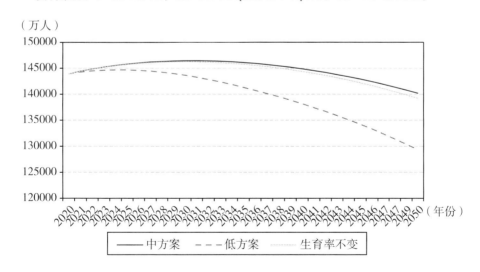

图 10－1　2020～2050 年中国人口增长预测

资料来源：United Nations，The World Population Prospects：The 2018 Revision。

二、人口老龄化趋势

人口老龄化是中国人口未来变化的最主要趋势，对于中国而言，21世纪就是老龄化世纪。联合国的预测结果显示，在中方案生育率假设情况下，中国65岁及以上老年人口占总人口的比重将从2020年的12%提高到2050年的26.1%，即在未来30年内，老龄化水平将提高一倍以上（见图10－2）。如果生育率跌落到极低水平，老龄化将会进一步加剧，2050年老年人口比重将达到28.3%；即使生育率回升到更替水平，2050年老龄化水平也将达到24.3%。由此可见，未来30年中国将不可避免地进入老龄社会。

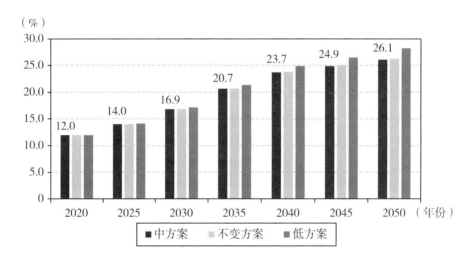

**图 10 – 2　不同预测方案 2020～2050 年中国 65 岁及
以上老年人口比重变的变化**

资料来源：United Nations，The World Population Prospects：The 2018 Revision。

与2010年之前老龄化平稳提高的变化态势不同，2020年以后，中国老龄化将进入一个快速发展时期。按照联合国的中方案预测，2020～2050年间，65岁及以上老年人口比例将以平均每年0.47个百分点的速度提高；如果按照低方案变化，将会以平均每年超过0.54个百分点的速度提高。1990～2010年间的老龄化速度平均每年只提高不到0.13个百分点，相比之下，未来30年老龄化速度提升了2.8倍。

导致中国老龄化加速的主要原因是老年人口增长加速。未来 30 年的老年人，目前都已存活在世，他们数量的增长主要是由于以往高出生率的结果。20 世纪 50 年代和 60 年代，中国曾经历了两个出生高峰，从现在开始，这两个出生高峰队列将陆续进入老年，进而形成老年人口增长高峰。根据联合国预测，2020 年，中国 65 岁及以上老年人口将达到 1.72 亿人，到 2040 年将增加一倍，达到 3.44 亿人，年平均增长率为 3.46%。2040 年以后，老年人口增长速度开始明显放缓，年均增长率仅为 0.62%（United Nations，2019）。导致这个时期老年人口增长放缓的原因主要有两个，一个原因是 20 世纪 50 年代和 60 年代出生高峰队列人口在这个时期进入高龄阶段，死亡风险大幅提高；另一个原因是在这个时期新进入老年时期的人口主要是出生于 70 年代中后期的低出生率年代。因此，未来 20 年是中国应对老龄化和老年人口增长挑战的关键时期。

三、低生育率和少子化趋势

少子化是指 0～14 岁人口数量减少、比重降低的人口现象。少子化是生育率转变和低生育率导致的结果，同时也是导致老龄化的原因之一。中国人口的少子化是从 1976 年开始的，1976 年少儿人口曾经达到峰值 3.7 亿人，占总人口比例高达 39.5%。之后因计划生育和生育率快速转变，少儿人口数量开始减少，2012 年减少到 2.54 亿人，之后基本稳定在这个规模上。与此同时，少儿人口占总人口的比重一直呈下降趋势，2000 年降到了 25.2%，2018 年降到了 18.4%（United Nations，2019）。

未来 30 年，中国少子化变化趋势将取决于生育率的变化。按照 2019 年联合国的中方案预测，中国 0～14 岁人口将会继续减少（见图 10-3），2030 年减少到 2.3 亿人，2040 年减少到 2.1 亿人，2050 年减少到 1.9 亿人。另外，少儿人口占总人口的比例将会持续下降（见图 10-4）：2030 年下降到 15.8%，2040 年下降到 14.3%，2050 年下降到 14.1%。如果生育率继续下降，少儿人口减少情况将会更加严重。

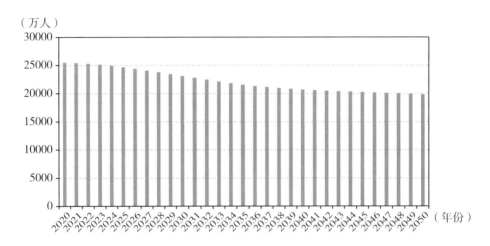

图 10 – 3　2020～2050 年中国 0～14 岁少儿人口变化趋势

资料来源：United Nations，The World Population Prospects：The 2018 Revision。

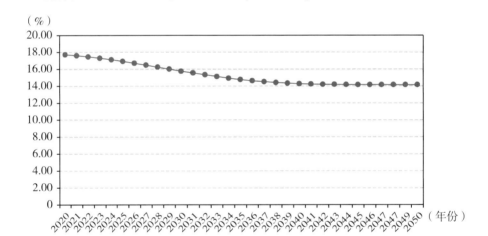

图 10 – 4　2020～2050 年中国 0～14 岁少儿人口比重变化趋势

资料来源：United Nations，The World Population Prospects：The 2018 Revision。

四、劳动年龄人口变化趋势

根据国家统计局公布的数据，中国 15～64 岁劳动年龄人口在 2016 年就开始减少，这个趋势在未来 30 年还将延续。联合国的中方案预测结果显示，2020 年劳动年龄人口将从 2015 年的 10.22 亿人减少到 10.12 亿人，平均每年减少 200 万人。从减少速度看，在 2030 年之前，劳动年龄人口处于缓慢减少状态，平均每年减少 220 万人左右；从 2030 年起，开始加速减少，21 世纪 30 年代将总共减少 8640 万人，40 年代总共减少 5865 万人。2050 年，中国的劳动年龄人口总量将减少到 8.38 亿人，与 2019 年相比，将总共减少 1.76 亿人，即减少了 17.4%。如果按照中国对劳动年龄下限 16 岁的法律规定和 60 岁退休年龄标准，中国 16～59 岁劳动年龄人口在 2013 年就出现了负增长，并且未来的减少速度都高于 15～64 岁为标准的劳动年龄人口（United Natins，2019）。因此，劳动年龄人口减少将是中国经济发展将面对的一个基本事实，它不仅会带来劳动力市场供求关系的新格局，同时也会直接影响创新和技术进步道路的选择。

未来 30 年，劳动年龄人口持续减少的同时，年龄结构将出现老化。21 世纪 20 年代前期，劳动年龄人口的平均年龄将为 40 岁，从 20 年代中期开始，平均年龄将一直保持在 41 岁，40 年代末将提高到 42 岁。35 岁以下青年劳动力占比将从 2020 年的 39% 下降到 2026 年的 34%；2032 年之后，受之前生育率回升的影响，青年劳动力占比回升到 35%，之后基本上维持在 35%～36% 的水平上；50～64 岁人口在劳动年龄人口中的比重将从 30% 提高到 35%（United Nations，2019）。

五、人口抚养比的变化趋势

快速的人口转变所带来的抚养比下降和低抚养比时代曾经使中国收获了丰厚的人口红利。但是，从 2011 年开始，中国人口抚养比变化趋势出现了转折，在之后的几年里，人口抚养比提高的趋势更加明显。人口抚养比提高是劳动年龄人口减少和老年人口增加的必然结果，因此，未来 30 年人口抚养比将会持续提高。按照联合国的中方案预测，2032 年人口抚养比将从 2020 年的 42.2 提高到 50.8，这标志着中国低抚养比时代的结束。21 世纪 30 年代，人口抚养比将以平均每年 1 个点的速度提高，2039 年将超过 60。40 年代，人口抚养比提高的速度略有下降，但仍超过了 20 年代的速度，2050 年将提高到 67.3，与 20 世纪 80 年代初的水平相同。在 2020～2050 年间，人口抚养比提高幅度将达到 59.5%。在其他条件一定的情况下，人口抚养比提高意味着人口生产性的下降，边际人口红利为负。

被负担人口是由少儿人口和老年人口组成，因此，人口抚养比又可以分解为少儿人口抚养比和老年人口抚养比。即使是同样水平的抚养比，其内部结构也会有所不同。人口抚养比一般可以分为三种结构形态：其一是以负担少儿人口为主；其二是以负担老年人口为主；其三是负担少儿人口与负担老年人口平衡。第三种结构形态只是前两种结构形态之间的一种过渡。未来30年，中国人口抚养比的提高是由老年人口抚养比的变化主导的，因为少儿人口抚养比将从2020年的25.2下降到2030年的23.3，之后将一直稳定在23左右的水平上。2020年，老年人口抚养比为17，2029年将提高到23.9，开始超过少儿人口抚养比；2043年，老年人口抚养比将超过40，2050年将达到43.6%。虽然2050年人口总抚养比回升到20世纪80年代初的水平，但是其内部结构已完全不同。20世纪80年代初的人口抚养比中，少儿抚养比的占比接近90%；2050年的人口抚养比中，老年人口抚养比占了65%。换言之，未来30年中国人口抚养比在提高的同时，将转变为以负担老年人口为主的结构形态。以老年人口负担为主体的抚养比的社会经济含义与以少儿人口负担为主体的抚养比的社会完全不同，后者具有对未来生产力投资的价值，而前者是纯粹的消费。即使是在同样的负担比情况下，以老年人口抚养比为主体的抚养比给社会带来的负担也会更重，对于公共支出而言，更是如此。从这个意义上讲，中国人口低抚养比阶段应该是在老年人口抚养比超过少儿人口抚养比的时候结束，这个时点是2029年。从另一个角度看，2032年人口抚养比回升到1994年的水平（51），但其人口抚养比中的老年人口负担占比超过了54%，而1994年人口抚养比中的老年人口负担仅占16.6%。

六、人口素质的变化趋势

人口素质有两个基本维度：一个是人口健康水平；另一个是人口的受教育水平。在未来30年，中国人口的健康水平和受教育水平都将得到进一步的提高。

（一）人口健康水平的变化趋势

党的十八届五中全会提出推进健康中国建设，把推进全民健康提升到国家战略层面，并于2016年颁布了《健康中国2030规划纲要》（以下简称《纲要》）。《纲要》提出"推进健康中国建设，是全面建成小康社会、基本实现社会主义现代化的重要基础，是全面提升中华民族健康素质、实现人民健康与经济社会协调发展的国家战略，是积极参与全球健康治理、履行 2030 年可持续发展议程国际承诺的重大举措。"《纲要》制定了"到2050 年，建成与社会主义现代化国家相适应的健康国家"的总目标，以及2030 年实现的具体目标，其中包括：2030 年人均预期寿命达到 79.0 岁，婴儿死亡率降到 5‰，5 岁以下儿童死亡率降到 6.0‰。

根据联合国 2019 年的人口预测，2030～2035 年间，中国人口平均预期寿命将达到 79.13 岁，2045～2050 年间将提高到 81.52 岁（见图 10–5）。但是，这个预测可能有些保守，根据日本的经验，从平均预期寿命 79 岁提高到 82 岁用了 10 年左右，从 79 岁提高到 84 岁用了 18 年左右的时间。如果中国能够实现这个提高速度，到 2050 年，人口平均预期寿命可以超过84 岁。由于健康中国战略的实施、全民健康意识和健康行为的增强、医疗卫生技术的发展、医疗卫生体制的改革等因素的推动，中国人口平均预期寿命在 2050 年超过 84 岁是完全有可能的。

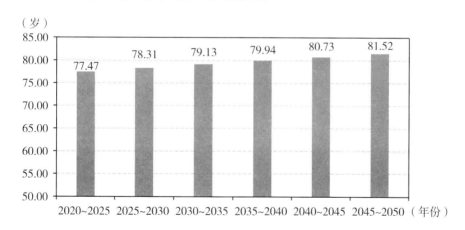

图 10–5　2020～2050 年中国人口平均预期寿命变化趋势

资料来源：United Nations, The World Population Prospects: The 2019 Revision.

（二）人口受教育水平的变化趋势

2017 年中国 15 岁及以上人口平均受教育年限达到了 9.6 年，与 2010年的 7.51 年相比，增加了 2.09 年，平均每年增加 0.3 年。按照这个增长速度计算，2019 年 15 岁及以上人口平均受教育年限应该可以达到 10.7

年，相当于美国 1970 年的水平，挪威、日本和韩国 1995 年的水平，德国 2002 年的水平。参照这些国家的历史数据，平均受教育年限从 10.7 年左右提高到 12 年左右，基本上用了 15 年。因此，中国 15 岁及以上人口的平均受教育年限应该在 2035 之前超过 12 年。由于一个人的受教育年限有上限，所以人口的平均受教育年限不可能无限延长。根据美国的经验，15 岁及以上人口平均受教育年限达到 13 年后就基本稳定下来。因此，可以预期的是，中国 15 岁及以上人口平均受教育年限将在 2040 年之前达到 13 年，之后将会进入稳定状态。

从人口角度看，影响未来中国人口受教育水平变化的因素有两个：一个最主要因素，即青少年人口受教育水平的普遍提高。世界银行的统计显示，2017 年，中国学龄儿童的平均预期受教育年限达到了 13.25 年，与发达国家的水平相差无几。另一个因素是老年人死亡，中国目前 60 岁及以上人口的平均受教育年限非常低，根据世界银行的统计数据，2010 年中国 60 ~ 64 岁人口的平均受教育年限为 6 年，65 ~ 74 岁人口的平均受教育年限只有 4.9 年。因此，老年人的死亡可以相对提高人口整体的平均受教育年限。

七、人口城镇化变化趋势

2014 年，中共中央、国务院发布了《国家新型城镇化规划（2014—2020 年)》，提出走中国特色的"新型城镇化"发展道路，并确定了几项基本原则。其中包括：（1）以人为本，公平共享。以人的城镇化为核心，合理引导人口流动，有序推进农业转移人口市民化，稳步推进城镇基本公共服务常住人口全覆盖，不断提高人口素质，促进人的全面发展和社会公平正义，使全体居民共享现代化建设成果。（2）四化同步，统筹城乡。推动信息化和工业化深度融合、工业化和城镇化良性互动、城镇化和农业现代化相互协调，促进城镇发展与产业支撑、就业转移和人口集聚相统一，促进城乡要素平等交换和公共资源均衡配置，形成以工促农、以城带乡、工农互惠、城乡一体的新型工农、城乡关系。（3）优化布局，集约高效。根据资源环境承载能力构建科学合理的城镇化宏观布局，以综合交通网络和信息网络为依托，科学规划建设城市群，严格控制城镇建设用地规模，严格划定永久基本农田，合理控制城镇开发边界，优化城市内部空间结构，促进城市紧凑发展，提高国土空间利用效率。（4）生态文明，绿色低碳。把生态文明理念全面融入城镇化进程，着力推进绿色发展、循环发展、低碳发展，节约集约利用土地、水、能源等资源，强化环境保护和生态修复，减少对自然的干扰和损害，推动形成绿色低碳的生产生活方式和城市建设运营模式。（5）文化传承，彰显特色。根据不同地区的自然历史文化禀赋，体现区域差异性，提倡形态多样性，防止千城一面，发展有历史记忆、文化脉络、地域风貌、民族特点的美丽城镇，形成符合实际、各具特色的城镇化发展模式。（6）市场主导，政府引导。正确处理政府和市场关系，更加尊重市场规律，坚持使市场在资源配置中起决定性作用，更好发挥政府作用，切实履行政府制定规划政策、提供公共服务和营造制度环境的重要职责，使城镇化成为市场主导、自然发展的过程，成为政府引导、科学发展的过程。这些原则将对中国人口城镇化产生重要的、深远的影响。

2019 年，中国人口城镇化水平达到了 60%。在未来 30 年，人口城镇化将会继续快速发展，城镇化质量将会不断提高。按照联合国《2018 年版世界人口城市化展望》的预测，2030 年，中国人口城镇化水平将超过70%，2050 年将达到 80%（见图 10 - 6）。根据国际经验，当城镇人口占比超过 80% 的时候，就标志着城镇化进程的结束。

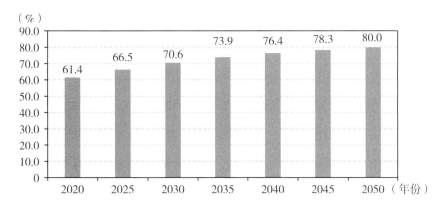

图 10 - 6　2020 ~ 2050 年中国人口城镇化发展趋势

资料来源：United Nations, The World Urbanization Prospects: The 2018 Revision。

人口城镇化是城镇人口增长和农村人口减少的过程。2019 年，中国城镇人口为 8.56 亿人，农村人口为 5.64 亿人，城镇人口比农村人口多出

51.8%。在 2020～2047 年期间，城镇人口将会持续增长（见图 10 - 7），
2022 年超过 9 亿人，2029 年超过 10 亿人，2047 年达到峰值 10.93 亿人。
其中，2020～2030 年间，城镇人口增长速度较快，年平均增长率为 1.5%。
因总人口的减少，从 2048 年开始，虽然城镇人口比例会继续提高，但城
镇人口规模开始减少，2050 年城镇人口规模比 2047 年减少 200 万人左右。
虽然这个减少幅度很小，但对于中国人口发展而言，这是一个非常重要的
转折点。未来 30 年，农村人口将一直处于减少状态。如图 10 - 9 所示，
2020 年农村人口规模为 5.49 亿人，到 2028 年将减少 1 个亿；到 2040 年将
再减少 1 个亿；2050 年农村人口将减少到 2.72 亿人，与 2019 年的农村人
口规模相比，总共减少了 2.9 亿人。这是一个巨大的变化，对中国城市和
农村的发展都将产生重大影响。

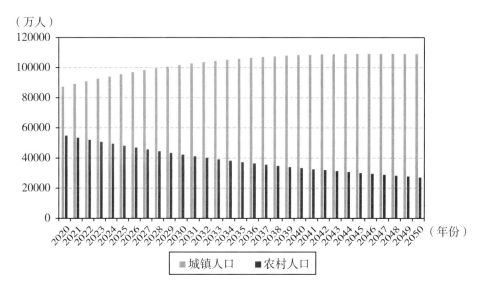

图 10 - 7   2020～2050 年中国城镇人口规模和农村人口规模变化趋势
资料来源：United Nations，The World Urbanization Prospects：The 2018 Revision。

第二节 新中国一百年时的人口发展状态

2049 年是新中国成立 100 周年，也是新中国实现百年复兴大计之年，
到那时候中国将发展成为一个现代化强国，并将以更加高昂的姿态进入新

中国的第二个百年期。在这个具有历史意义的年份，中国人口发展所达到的水平不仅体现了经济发展和社会进步的伟大成果，同时也是新中国第二个百年期的人口发展基础。根据联合国的人口预测（United Nations，2019）和人口城镇化预测（United Nations. 2018）结果，以及参照联合国教科文组织（UNESCO Database）的相关数据，新中国一百年时的人口情景如下：

——中国人口总量：14 亿人；

——老龄化水平：26%；

——65 岁及以上老年人口规模：3.6 亿人；

——80 岁及以上老年人口规模：1.2 亿人；

——劳动年龄人口规模：8.5 亿人；

——劳动年龄人口平均年龄：42 岁；

——14 岁及以下少儿人口比重：14%；

——14 岁及以下少儿人口规模：2 亿人；

——15~34 岁青年人口比重：21%；

——15~34 岁青年人口规模：3 亿人；

——人口抚养比：66.2；

——老年人口抚养比：42.7；

——少儿人口抚养比：23.5；

——人口城镇化水平：80%；

——城镇人口规模：10.9 亿人；

——农村人口规模：2.8 亿人；

——平均预期寿命：84 岁；

——平均预期受教育年限：14 年；

——15 岁以上人口平均受教育年限：13 年以上。

概括而言，新中国一百年时的人口是一个以城镇人口为主体的、高素质的和高度老龄化的人口。首先，中国完成了人口城镇化历史过程，1977 年，82% 的人口生活在农村；到 2049 年，80% 的人口将生活在城镇，这期间将有 5 亿多农村人口转变为城镇人口。这无疑是一个伟大的社会发展成就。其次，人口素质全面提高，无论是健康水平，还是受教育水平，都将达到世界先进水平，届时中国将成为人力资本强国。这对于中国的社会经济发展而言，极具战略意义。最后，老年人口比重和高龄老人比重的提升，将把中国带入一个高度老龄化的社会，这将是一个持续的挑战。

第三节　未来30年中国人口与发展关系的新格局

人口与发展关系的状态、性质和特点取决社会经济发展水平和人口发展状况。在过去的40年里，中国社会经济获得了快速发展，人口完成了再生产类型的转变，并带来了一个人口红利期；在过去的20年里，中国人口进入了低生育率和低增长状态，人口素质得到全面提升；在过去的10年里，中国发展成为上中等收入和高人类发展水平国家，人口城镇化水平先后突破了50%和60%，劳动年龄人口和人口抚养比变化趋势出现了转折。这些变化意味着中国人口与发展的关系已经发生了变化。未来30年，中国将为实现全面小康和成为现代化强国的战略目标而奋斗，人口也将进入一个新的发展阶段，人口变化形态更加多元和复杂，并将出现几个重要的转折性变化。在这两个基本面的发展背景下，中国人口与发展的关系也将进入一个新的阶段，并将形成一个新的关系格局。

一、人口与经济发展关系基本形态的改变

发展经济学的经典理论认为，在不发达经济中，人口增长压力是阻碍经济发展的主要因素之一，存在着"低水平均衡陷阱"。这也曾经是中国人口与经济关系的基本形态。在贫困经济中，摆脱"低水平均衡陷阱"的途径之一是控制人口增长，减少人口增长对经济的压力。中国通过对外开放和计划生育两大战略破除了贫困经济的困局，对外开放使中国获得了经济发展所需要的资金、技术和市场；计划生育使生育率快速下降，不仅减缓了人口增长速度，同时也获得了一个世界上最低的人口抚养比。中国成功地摆脱了贫困陷阱，进入了小康经济，并在未来30年走向富裕经济。目前，人口增长压力已经彻底消除，但由人口抚养比下降带来的人口红利

已经消失，人口老龄化带来的压力与日俱增，"未富先老"成为中国人口与经济发展关系的新形态。能否破除"未富先老"对经济发展的制约，直接关系到中国经济能否成功跨越"中等收入陷阱"。从传统的观点看，这又是一个经济困局，因为老龄化对经济的压力可能不亚于过去人口增长对经济的压力。但我们有理由乐观，因为在过去5年中，以互联网技术为支撑的新经济形态的兴起，为中国经济提供了一个有效应对"未富先老"局面的发展路径。我们更有理由乐观，因为在未来10年中，人工智能技术将会形成巨大的生产力，它将成为推动中国经济从小康走向富裕的关键力量。

二、人口与发展关系中主要矛盾的转换

在"未富先老"的基本关系形态中，人口与发展关系的主要矛盾不再是人口增长与经济发展之间的失衡，而是劳动力素质与经济发展之间的失衡。因为，无论是新技术还是新经济都需要高素质的劳动力，或者说人力资本。在老龄化压力下的技术对资本的替代；劳动力数量资源缩减情况下的技术对劳动力的替代，都是建立在人力资本有效供给的基础之上。虽然在过去的20年里，中国劳动力素质获得了显著提高，人力资本总量大幅度增长，但不可否认的是，相对于新的经济发展模式的需求，人力资本的有效供给依然短缺。

从国际比较中可以清楚地看到中国人力资本与发达国家的差距，2010年中国20~24岁人口的平均受教育年限为9.17年，比意大利同龄人口少2.75年，比德国同龄人口少3年，比日本同龄人口少3.52年，比英国同龄人口少3.7年，比美国同龄人口少4.25年，比韩国同龄人口少4.76年；中国25~29岁人口平均受教育年限为8.78年，比意大利同龄人口少3.42年，比德国同龄人口少4.22年，比日本同龄人口少4.51年，比英国同龄人口少4年，比美国同龄人口少4.86年，比韩国同龄人口少5.83年。世界银行的数据显示，中国平均每千名劳动力中的研发人员只有5人，仅相当于日本水平的38%，德国水平的32%，韩国水平的30%，芬兰水平的28%。世界银行（2018）发布的衡量未来新生劳动力人力资本水平的人力

资本指数显示，2017 年中国的人力资本指数为 0.67，这与人力资本水平高的国家和地区相比还有明显的差距，发达国家的人力资本指数基本上都在 0.75 以上，其中一些国家和地区的水平更高，如新加坡（0.88）、日本（0.84）、中国香港地区（0.82）、芬兰（0.81）、加拿大（0.80）。与人力资本指数水平高的国家和地区相比，中国的短板是教育质量，该项指标得分为 456 分，远远低于日本（563 分）、韩国（653 分）、中国香港地区（562 分）。虽然中国的平均预期受教育年限达到了 13.2 年，但按照教育质量调整后，受教育年限缩短到了 9.7 年。这些数据表明，中国平均每个劳动力中蕴含的人力资本存量水平还比较低，虽然中国在人力资本总量上具有优势，但这并不能弥补在人均人力资本上的劣势。

　　未来 30 年，中国劳动力数量将一直处于减少状态，人口年龄结构和劳动力年龄结构一直都处于老化状态，过去的经济增长所凭借的比较优势已经消失，因此，劳动力人力资本水平的提高是两个能够支持经济增长的人口因素之一，另一个因素是人口城镇化。人力资本是技术进步的创造者、传播者和使用者，以创新和技术进步为主要动力的经济发展将会对人力资本产生巨大需求，因此人力资本发展战略至关重要。中国破除"低水平均衡陷阱"困局是依靠对外开放和计划生育两大战略，现在要破除"未富先老"困局则应该依靠技术进步和人力资本两大战略。

三、人口与发展关系空间结构的变化

　　任何经济发展都是在特定的时空中发生的，因此人口与发展关系也具有空间结构特征。在改革开放之前，中国的经济增长基本上是在两个独立的空间中开展的，形成了一种固化的二元经济结构（农村经济和城市经济）和二元社会结构（农村社会和城市社会），两个结构之间的交换十分有限，数以亿计的剩余劳动力被滞留在农村。改革开放之后，首先是二元经济分隔的局面被打破，大批的农业剩余劳动力涌向城市劳动力市场，之后是二元社会分隔的局面被打破，人口城镇化开始加速。这两个变革使中国的人口与发展关系的空间结构发生了第一次改变，城市与农村直接关联起来，两大部门之间的交换启动了二元经济走向一元化的进程，并从中获取了由配置效率带来的可观收益。

未来 30 年，中国将迎来人口与发展关系空间结构的第二次转变，即以城镇化为基础的城乡一体化发展。城镇化是未来推动中国经济发展的主要动力之一，人口、劳动力、技术、资金、信息、市场等将在城市进一步集聚。在新型城镇化战略下，城市的发展不会再以牺牲农村的发展机会和农民的利益为代价，而是乡城共融、共享的一体化发展，最终实现以城市经济部门为主体的经济一元化。在经济走向一元化的同时，中国的二元社会结构也会因户籍和民生制度改革，城镇化、城乡经济一体化发展而走向一元化社会。

综上所述，目前及未来 30 年中，中国人口与发展关系正在和将要发生重大转折，新的人口与发展关系格局正在形成。这个新的关系格局将会给中国经济和社会发展带来巨大而深远的影响，并将直接关系到全国人民的福祉。正确认识未来的人口发展形势，从物质基础、人力资本、技术、制度和文化等各个方面积极应对新的人口挑战，充分挖掘人口发展潜力，及时防范人口风险，促进人口均衡发展，应该作为未来中国人口发展的战略出发点。

中国人口发展大事记

（1949～2019 年）

1949 年

10 月 1 日，北京 30 万人在天安门举行典礼，庆祝中华人民共和国中央人民政府成立。

12 月 31 日，全国总人口为 54167 万人，出生率为 36.0‰，死亡率为 20.0‰，自然增长率为 16.0‰，总和生育率为 6.14。

1950 年

4 月 13 日，中央人民政府委员会第七次会议通过《中华人民共和国婚姻法》。这是新中国的第一部法律。《婚姻法》规定"废除包办强迫、男尊女卑、漠视子女利益的封建主义婚姻制度。实行男女婚姻自主、一夫一妻、男女权利平等、保护妇女和子女合法利益的新民主主义婚姻制度"。

4 月 20 日，中央人民政府卫生部、中国人民革命军事委员会卫生部发布的《机关部队妇女干部打胎限制的办法》中规定：为保障母体安全和下一代之生命，禁止非法打胎；凡未经批准而打胎者，分别予以处分。

7 月 25 日，政务院发布《关于劳动就业问题的决定》。

1951 年

2 月 26 日，政务院发布《中华人民共和国劳动保险条例》。该条例共分 7 章 32 条。

7 月 16 日，公安部公布《城市户口管理暂行条例》。

1952 年

12 月 31 日，中央人民政府政务院文化教育委员会答复卫生部，同意卫生部呈报的《限制节育及人工流产暂行办法（草案）》和《婚前健康检查试行办法（草案）》。

1953 年

6 月 30 日，第一次全国人口普查正式开始。普查的标准时间为 1953

年 6 月 30 日 24 时。

8 月 11 日，政务院批准了卫生部修订的《避孕及人工流产办法》，指出：国家提倡避孕，但不许做大的流产手术；做节育手术要经有关部门批准。

1954 年

7 月 20 日，卫生部将政务院批准修订的《避孕及人工流产办法》下发执行。

11 月 1 日，国家统计局公布第一次全国人口普查结果，全国人口总数为 601938035 人。

11 月 30 日，商业部、卫生部发出《关于避孕药物的管理和供用办法》。

1955 年

3 月 1 日，中共中央批转卫生部党组"关于节制生育问题的报告"，并发出《关于控制人口的指示》。该指示指出："节制生育是关系到广大人民生活的一项政策性问题，在当前的历史条件下，为了国家、家庭和新生一代的幸福，我们党是赞成适当地节制生育的。"

6 月 1 日，内务部发布国务院 1955 年 5 月 20 日批准的《婚姻登记办法》。

1956 年

1 月 23 日，中共中央政治局制定了《一九五六年到一九六七年全国农业发展纲要（草案）》，该草案规定："除了少数民族的地区以外，在一切人口稠密的地方，宣传和推广节制生育，提倡有计划地生育子女。"

12 月 30 日，国务院发布《关于防止农村人口盲目外流的指示》。

1957 年

3 月 5 日，《人民日报》发表题为《应该适当地节制生育》的社论，号召全国"除了人口特别稀少的少数民族地区外，都应适当地提出节制生育"。

7 月 5 日，《人民日报》全文刊登了马寅初先生的《新人口论》。

10 月 12 日，国务院发出《关于职工绝育、因病实行人工流产的医药费和休息期间工资待遇问题的通知》。

1958 年

1 月 9 日，全国人民代表大会常务委员会第 91 次会议通过《中华人民共和国户口登记条例》。这一条例从立法程序上正式建立了中国的城乡隔离制度，标志着人口在农村与城市之间不能再自由迁移。

2 月 10 日，《人民日报》发表马寅初先生题为《有计划地生育和文化技术下乡》的文章。

1959 年

4 月 15 日，《人民日报》刊载《人口和人手》的文章，认为"主导的一面是手"，中国要大力发展工业、农业、文化科学事业，"深深感到不是人口太多，而是人手不足"。

4 月 29 日，毛泽东主席在《党内通讯》上发表文章指出，"须知我国是一个有六亿五千万人口的大国，吃饭是第一件大事。"

1960 年

4 月 12 日，第二届全国人民代表大会第二次会议正式通过了中共中央政治局制定的《1956—1968 年全国农业发展纲要》。其第二十九条规定："除了少数民族的地区以外，在一切人口稠密的地方，宣传和推广节制生育，提倡有计划地生育子女，使家庭避免过重的负担，使子女受到较好的教育，并且得到充分就业的机会。"

7 月 7 日，中共中央批转劳动部等《关于女工劳动保护工作的报告》。

1961 年

9 月 22 日，周恩来总理在同一位西欧外宾谈话时指出：在人口密集的地方和工业区采取节制生育，看来是有效的。节育方针应该继续下去。节育的意义不只是在经济上，而且还有精神方面。

1962 年

4 月 5 日，卫生部发出《关于进一步开展计划生育避孕知识的宣传与技术指导工作》的通知。

10 月 6 日，中共中央、国务院在《关于当前城市工作若干问题的指示》中提出：今后一个长时期内，对于城市特别是大城市人口的增长，应当严格加以控制。

12 月 18 日，中共中央、国务院发出《关于认真提倡计划生育的指示》。该指示强调：在城市和人口稠密的农村提倡节制生育，适当控制人口自然增长率，使生育问题由毫无计划的状态，逐步走向有计划的状态，这是中国社会主义建设中既定的政策。

1963 年

4 月 18 日，中共中央批转了卫生部党组《关于 1963 年卫生厅局长会议的报告》。该报告指出：做好计划生育工作，这是关系到我国有计划地进行社会主义建设，关系到民族健康繁荣和人民生活的大事。

6 月 6 日，卫生部向各省、市、自治区卫生厅（局）发出《关于当前妇幼卫生工作若干问题的意见》。该意见从加强节育、宣传、指导；提高医务人员节育技术水平；配合有关部门做好药具供应工作；加强避孕科研工作等方面提出了要求。

8 月 31 日，《健康报》登载了周恩来总理对实行计划生育的孙燕文、李文夫妇的一篇谈话。周恩来在谈话中表扬了他们只生育两个孩子和中间又间隔六年的行为，并对孙燕文做了男性结扎手术表示赞许。

10 月 11 日，卫生部发出《关于修改人工流产及男女结扎手术条件规定的通知》。该通知指出，男女结扎手术，应由夫妇双方申请。任何一方要求手术，都需经医生检查无手术禁忌症，方可施行手术；妇女要求做人工流产，又无手术禁忌症者，医疗单位应争取早做，一般以 3 个月以内施行为宜。

1964 年

1 月 5 日，由卫生部主持在京召开的全国计划生育技术工作经验交流会，首次提出了几种节育手术常规草案以及避孕套规格标准的建议。

1 月 15 日，国务院召集有关部委、群众团体、解放军总政治部开会，研究成立国务院计划生育委员会问题。

4 月 4 日，国务院批转卫生部、财政部《关于计划生育工作经费开支问题的规定》指出：在国家预算科目中增设"计划生育支出"一款，明确了国家在预算中安排的计划生育经费的开支范围。

7 月 1 日，零时起进行第二次全国人口普查登记。这次普查的少数民族数据包括经国务院正式确认的 53 个少数民族。

12 月 31 日，年底总人口突破 7 亿人大关，为 70499 万人。

1965 年

2 月，国务院计划生育委员会在山东省文登县召开了现场经验交流会，会议肯定了文登县实行的"晚、稀、少"的生育政策。

6 月 23 日，中共中央、国务院批转了上海市委、市人委《关于计划生育工作的报告》，要求各地参照上海市经验，"把政治思想工作放在首要地位，认真地贯彻执行党的群众路线，始终坚持说服教育和群众自愿的原则，辅之以必要的奖励计划生育的措施，积极加以提倡，不搞硬性规定，不搞强迫命令，使计划生育成为广大群众的自觉行动"。

8 月 2 日，国务院计划生育办公室下发了 7 月在天津召开的《计划生育座谈会纪要（草案）》，总结了新中国成立以来计划生育工作历史经验教训，提出了今后工作任务和一些政策性问题。

1966 年

1 月 28 日，中共中央在钱信忠 1965 年 10 月 25 日《有关计划生育的几个问题》的报告的批示中指出："实行计划生育，是一件极为重大的大事。"同时指出："只要方法对头，群众自愿，就能够做出成绩来。"

1967 年

6 月，国家科学委员会、卫生部、燃料化学工业部在上海召开全国口服避孕药鉴定会，肯定了 I 号（复方快诺酮）和 II 号（复方甲地孕酮）两种女用口服避孕药的效果，并决定在医务人员指导下推广应用。

1968 年

8 月，国务院成立计划生育领导小组，办公室设在卫生部，由栗秀真任办公室主任。有关计划生育工作由卫生部军管会业务组统一领导。

1969 年

1 月，周恩来总理在国务院计划起草小组工作会议上讲：口服避孕药是一件大事，要列入 1969 年计划，要单独提出来；今年是宣传和试点，明年推广，后年普及。

12 月 31 日，年底总人口突破 8 亿人大关，为 80671 万人。

1970 年

5 月 20 日，财政部、卫生部军管会发出《关于避孕药实行免费供应的通知》，决定从 1970 年起，在全国实行避孕药免费供应。为支付避孕药费，财政部增拨 3080 万元专款。

9 月 4 日，国家计划委员会《关于第四个五年国民经济计划纲要》中提出：要继续提倡晚婚和计划生育，免费供应口服避孕药。

1971 年

7 月 8 日，国务院转发卫生部军管会、商业部、燃料化学工业部《关于做好计划生育工作的报告》，提出：人口自然增长率力争到 1975 年，一般城市降到 10‰左右，农村降到 15‰左右。

12 月 17 日，卫生部军管会通知，从 1972 年 1 月 15 日起，计划生育工作由中国医学科学院管理。

1972 年

1 月 17～25 日，卫生部军管会在河北省乐亭县召开 17 省（自治区、直辖市）计划生育工作座谈会。栗秀真在会上讲话说：要求育龄夫妇节育率达到 50%左右，有 10%的市、县人口自然增长率分别达到城市 10‰以下，农村 15‰以下。

1973 年

7 月 16 日，国务院批准恢复成立计划生育领导小组。

12 月 11～27 日，国务院计划生育领导小组在第一次全国计划生育汇报会上，提出了"晚、稀、少"的计划生育政策。"晚"是指男 25 周岁、女 23 周岁以后结婚，女 24 周岁以后生育；"稀"是指生育间隔为 3 年以上；"少"是指一对夫妇生育不超过两个孩子。

1974 年

1 月 9 日，国务院计划生育领导小组、卫生部、商业部、财政部、燃料化学工业部下发《关于全国实行免费供应避孕药和避孕工具的紧急联合通知》，决定对 14 种避孕药具实行免费供应。

2 月 9 日，卫生部《关于认真抓好节育手术质量的通知》，强调要培训技术队伍，提高手术质量；做好术后观察和随访；对中期引产术应严格控制，对于未经科学实验、不是安全有效的药物，严禁使用。

12 月 29 日，毛泽东主席在国家计划委员会《关于 1975 年国民经济计划的报告》上批示："人口非控制不行。"

12 月 31 日，年底总人口突破 9 亿人大关，为 90859 万人。

1975 年

2 月 1 日，国务院计划生育领导小组、卫生部、商业部、石油化学工业部致函各省、市、自治区革命委员会，要求加强避孕药具、节育器械生产供应工作。

1976 年

6 月 24～27 日，国务院计划生育领导小组在上海召开全国计划生育工作座谈会。会议认为：当前各省的县、社两级计划生育机构和人员的设置和配备十分不健全，建议把基层计划生育工作机构逐级建立到县、社。

1977 年

9 月 22～30 日，国务院计划生育领导小组在北京召开第四次全国计划生育工作汇报会，建议各级党委宣传部门把提倡晚婚和计划生育列入宣传工作计划；文化部门把它列入创作计划；各级党校、五七干校把讲授马克思主义人口理论列入教学计划；中学增加青春期生理卫生和晚婚节育课，农村政治夜校要有晚婚和计划生育的内容。

1978 年

3 月 5 日，第五届全国人民代表大会第一次会议通过的《中华人民共和国宪法》第五十三条规定：国家提倡和推行计划生育。计划生育第一次以法律形式载入我国宪法。

10 月 26 日，中共中央批转《国务院计划生育领导小组第一次会议的报告》。报告中提出："提倡一对夫妇生育子女数最好一个，最多两个，生育间隔三年以上。"

1979 年

5 月 3 日，国务院人口小组与联合国人口基金在北京签署了谅解备忘录，双方同意在人口普查、人口学训练和研究、人类生殖和计划生育科学研究、避孕药具生产和包装、计划生育和有关活动的宣传教育和通讯等方面进行合作。

1980 年

3～5 月，中央书记处委托中办召开 5 次人口座谈会。在《关于人口座谈会情况的报告》中写道："建议中国社会科学院尽快成立人口研究所，创办人口研究刊物，加强人口问题的研究。"

5 月 29 日，经国务院批准，中国计划生育协会在北京成立，王首道任会长。

7 月，根据中国政府与联合国人口基金达成的合作协议，在中国社会科学院设立中国社会科学院人口研究中心。

9 月 10 日，第五届全国人民代表大会第三次会议讨论通过了新婚姻法——《中华人民共和国婚姻法》。其中，第五条规定：结婚年龄为男 22 周岁，女 20 周岁；第十二条中规定：夫妻双方都有实行计划生育的义务。此外，婚姻法还强调了晚婚晚育和优生问题。

9 月 25 日，中共中央发表《关于控制我国人口增长问题致全体共产党员、共青团员的公开信》，要求所有共产党员、共青团员特别是各级干部，用实际行动响应国务院提倡一对夫妇只生育一个孩子的号召。

1981 年

2 月 27 日，中国人口学会在北京正式成立，马寅初先生被推举为名誉会长，许涤新同志任会长。

3 月 6 日，第五届全国人民代表大会常务委员会第十七次会议决定：为了加强对计划生育工作的领导，设立国家计划生育委员会。国务院副总理陈慕华兼国家计划生育委员会主任。

5 月 30 日，国家计划生育委员会在中南海举行第一次全体会议。会议强调要继续大力提倡一对夫妇只生育一个孩子，并着重讨论了与此有关的若干政策问题。

1982 年

2 月 9 日，中共中央、国务院发出《关于进一步做好计划生育工作的指示》，要求国家干部和职工、城镇居民，除特殊情况经过批准者外，一对夫妇只生育一个孩子。农村普遍提倡一对夫妇只生育一个孩子，某些群众确有实际困难要求生二胎的，经过审批可以有计划地安排。不论哪一种情况都不能生三胎。对于少数民族，也要提倡计划生育，在要求上，可适当放宽一些。

7 月 1 日，我国进行第三次全国人口普查。标准时间是 1982 年 7 月 1 日零时。这次普查的少数民族数据包括经国务院正式确认的 53 个少数民族。

9月1日，国家计划生育委员会开始在全国进行1‰人口生育率抽样调查。这次抽样调查将进一步了解我国人口生育率的历史与现状，掌握比较准确的生育率定量资料。

9月11日，党的十二大报告指出："在我们经济和社会发展中，人口问题始终是极为重要的问题。实行计划生育，是我们一项基本国策。到本世纪末，必须力争把我国人口控制在十二亿以内。"

10月27日，国家统计局公布第三次全国人口普查主要数据，全国总人口为1031882511人，其中男性占51.5%，女性占48.5%，少数民族人口占6.7%。

12月13日，国家计划生育委员会、财政部做出《关于加强超生子女费管理的暂行规定》。

1983年

1月1日，中国正式加入联合国人口委员会。

9月27日至10月2日，卫生部在北京召开全国计划生育技术经验交流会，会上修订了《节育手术常规》，制定了《计划生育科研工作管理施行条例》。

1984年

1月18日，中国派常驻联合国副代表米国钧出席联合国人口委员会第二十二届会议，这是中国首次以会员国资格派代表与会。

4月13日，中共中央转发国家计划生育委员会党组《关于计划生育工作情况的报告》，提出：对农村有控制地把口子开得稍大一些，按照规定的条件，经过批准，可以生二胎；坚决制止大口子，即严禁生育超计划的二胎和多胎；人口在1000万以下的少数民族，允许一对夫妇生育二胎，个别的可以生育三胎，不准生四胎。

4月28日，中国人民大学人口学系正式设立，这是我国设立的第一个培养人口学专门人才的学系。

10月12日，国务院发布《关于农民进入集镇落户问题的通知》，指出："凡申请到集镇务工、经商、办服务业的农民和家属，在集镇有固定住所，有经营能力，或在乡镇企事业单位长期务工的，公安部门应准予落常住户口，及时办理入户手续，发给《自理口粮户口簿》，统计为非农业人口。"

1985 年

7 月 13 日，公安部发布《关于城镇暂住人口管理的暂行规定》，规定："对暂住时间拟超过 3 个月的 16 周岁以上的人，须申领《暂住证》；对外来开店、办厂、从事建筑安装、联营运输、服务行业的暂住时间较长的人员，采取雇用单位和常住户口所在地主管部门管理相结合的办法，按照户口登记机关的规定登记造册，由所在地公安派出所登记为寄住户口，发给《寄住证》。"

9 月 6 日，中华人民共和国第六届全国人民代表大会常务委员会第十二次会议通过了《中华人民共和国居民身份证条例》，自公布之日起施行。

1986 年

4 月 20 日，卫生部颁布并实施《妇幼卫生工作条例》。

7 月，中国社会科学院人口研究中心联合十六省（市）人口研究单位共同开展了"中国 74 城镇人口迁移抽样调查"，此项调查填补了我国城镇人口迁移资料的空白。

11 月 28 日，公安部公布同年 11 月 3 日国务院批准的《中华人民共和国居民身份证条例实施细则》。

1987 年

4 月 1 日，我国第一次残疾人抽样调查开始进行。这次抽样调查在全国 29 个省、市、自治区按照分层抽样的方法，抽取了 424 个县（市、市辖区），总样本量达 150 万人。

4 月 30 日，江苏省计划生育研究所撰写的"棉酚及缺钾对大鼠血睾酮的影响"及"抗生药物筛选中搜集大鼠睾网液方法的改进"两篇论文，荣获国际"先锋奖"，这在我国计划生育科研系统尚属首次。

6 月 10 日，中国人口福利基金会正式成立。

7 月 1 日，全国 1% 人口抽样调查正式开始。这次抽样调查的项目除保留了 1982 年第三次全国人口普查的项目外，还新增了有关我国人口迁移以及死亡人口基本特征等方面的项目。抽样调查的样本规模为全国总人口的百分之一。

1988 年

3 月 10 日，我国首例试管婴儿——一个体重 3900 克、身长 52 厘米的女婴诞生。

3月11日，中国残疾人联合会正式成立。

7月1日，经国务院批准，以国家计划生育委员会为主，在国家统计局、国家计划委员会、财政部和公安部的协助下，全国2‰人口生育节育抽样调查正式开始。

7月21日，国务院发布《女职工劳动保护规定》，对女职工在经期、怀孕期、产期、哺乳期的劳动安排、工资待遇、产假时间、哺乳时间以及计划生育等问题作出具体规定。

11月29日，公安部、国家统计局、国务院人口普查办公室、中国社会科学院人口研究所联合编纂的一部权威性大型人口统计资料《中华人民共和国人口统计资料汇编（1949—1985）》出版。

1989年

2月21日，第七届全国人民代表大会常务委员会第六次会议通过《中华人民共和国传染病防治法》，自1989年9月1日起施行。

4月14日，今天是中国11亿人口日，标志着中国大陆人口总数已达到11亿。

7月10日，联合国秘书长函告中国常驻联合国代表，中国已于1989年5月23日再次当选联合国人口委员会委员，从1990年起任期4年。

9月15日，公安部发布《临时身份证管理暂行规定》。

1990年

7月1日，第四次全国人口普查正式开始。标准时间为7月1日零时。

8月29日，中国常驻联合国代表李道豫大使代表中国政府正式签署了联合国《儿童权利公约》。

12月28日，第七届全国人民代表大会常务委员会第十七次会议通过《中华人民共和国残疾人保障法》，自1991年5月15日起施行。

1991年

3月18日，李鹏总理代表中国政府签署了《儿童生存、保护和发展世界宣言》和《执行90年代儿童生存、保护和发展世界宣言行动计划》两个文件。

4月15日，国务院第七十六次常务会议通过《禁止使用童工规定》，并发布实施。规定指出：童工是指未满 16 周岁，与单位或者个人发生劳动关系从事有经济收入的劳动或者从事个体劳动的少年、儿童。

5 月 12 日，中共中央、国务院发布《关于加强计划生育工作严格控制人口增长的决定》，明确贯彻现行生育政策，严格控制人口增长。

9 月 4 日，第七届全国人民代表大会常务委员会第二十一次会议通过《中华人民共和国未成年人保护法》，自 1992 年 1 月 1 日起施行。未成年人是指未满 18 周岁的公民。

9 月 9 日，国务院批准《流动人口计划生育管理办法》。该办法是我国第一个关于计划生育管理的行政法规。

12 月 29 日，第七届全国人民代表大会常务委员会第二十三次会议通过《中华人民共和国收养法》，自 1992 年 4 月 1 日起施行。

1992 年

1 月 6 日，国务院发出《关于下达十年规划和"八五"计划分地区人口指标的通知》。十年规划的目标是，争取年平均人口自然增长率控制在 12.5‰以内。

4 月 3 日，第七届全国人民代表大会第五次会议通过《中华人民共和国妇女权益保障法》，自 1992 年 10 月 1 日起施行。

8 月 31 日，国家计划生育委员会组织的"全国计划生育管理信息系统首次调查"正式启动。根据这次调查结果的推算，中国人口总和生育率为 2.04，低于 2.1 的更替水平。

1993 年

4 月 5 日，卫生部、国家计划生育委员会联合发出《关于重申严禁进行胎儿性别预测的通知》。通知重申：除为诊断伴性遗传性疾病外，任何部门、任何单位，严禁用现代医学技术如 B 超、染色体技术等，做胎儿性别预测。

8 月 19 日，首届中华人口奖评选揭晓。在获奖的人员中，7 人获工作奖，3 人获科技奖，1 人为特别荣誉奖。

1994 年

10 月 27 日，中华人民共和国第八届全国人民代表大会常务委员会第十次会议通过《中华人民共和国母婴保健法》，自 1995 年 6 月 1 日起施行。

11 月 17 日，劳动部发布《农村劳动力跨省流动就业管理暂行规定》。通过实行流动就业证制度、本地就业优先原则和严格控制招工方式等手段开始对跨省人口流动进行控制。

1995 年

3 月 17 日，国务院印发《关于深化企业职工养老保险制度改革的通知》，这是我国社会养老保险改革过程中的重要文件之一，主要是解决养老保险模式和计发办法改革问题，建立基本养老金正常调整机制。

8 月 29 日，卫生部发布《中华人民共和国母婴保健法实施办法》。

9 月 4 ~ 15 日，联合国第四次世界妇女大会在北京召开，会议主题为：以行动谋求平等、发展与和平。大会制定并通过了《北京宣言》和《行动纲领》，对此后五年世界妇女运动的任务、目标做了明确的规定，是团结全世界妇女为实现自身解放而奋斗的宣言书和行动纲领。

10 月 1 日，全国 1% 人口抽样调查正式开始。调查登记的标准时间是 1995 年 10 月 1 日零时。

1996 年

8 月 29 日，第八届全国人大常委会第二十一次会议通过《中华人民共和国老年人权益保障法》，自 1996 年 10 月 1 日起施行。

1997 年

1 月 1 日，第一次全国农业普查正式开始，普查内容主要为中国农业人口状况，以及农村劳动力、土地资源、乡镇企业和农村小城镇发展等基本情况。

6 月 10 日，国务院同意并转发公安部《小城镇户籍管理制度改革试点方案》和《关于完善农村户籍管理制度的意见》。这是首次在全国开展户籍改革试点工作，允许已经在小城镇就业、居住并符合一定条件的农村人口在小城镇办理城镇常住户口。

11 月 1 日，外来人口普查在北京举行，普查标准时点为 11 月 1 日零时，所涉及的对象包括所有在普查时点居住或停留在北京境内，但常住户口不在北京的外来人口、在北京的外籍和港澳台人士也列为普查对象。

1998 年

3 月 2 日，国家教育委员会、公安部联合印发《流动儿童少年就学暂行办法》。

4 月 9 日，国家计划生育委员会、卫生部等 5 部委联合发出《关于综合治理出生婴儿性别比升高问题的通知》，明确提出：加强宣传教育，树立健康文明的社会风尚；加强执法力度，保护妇女儿童合法权益；加强改进基层的管理与服务工作，防止出生性别比升高；努力创造良好的社会经济环境，提高妇女地位。

7 月 22 日，国务院印发《关于解决当前户口管理工作中几个突出问题的意见》，允许今后新生儿可以随父母任何一方登记申报户口。

9 月 22 日，国家计划生育委员会第 1 号令发布《流动人口计划生育工作管理办法》。

12 月 14 日，国务院印发《关于建立城镇职工基本医疗保险制度的决定》。决定指出：医疗保险制度改革的主要任务是根据财政、企业和个人的承受能力，建立保障职工基本医疗需求的社会医疗保险制度。

1999 年

9 月 28 日，国务院第二十一次常务会议通过《城市居民最低生活保障条例》，自 1999 年 10 月 1 日起施行。这是我国社会救助工作发展的一个重要标志。

10 月 20 日，经中共中央、国务院批准，全国老龄工作委员会成立。

2000 年

3 月 2 日，中共中央、国务院《关于加强人口与计划生育工作稳定低生育水平的决定》中指出：人口过多仍是我国首要的问题，未来十年是稳定低生育水平的关键时期。提出到 2010 年末，全国人口总数（不含香港、澳门特别行政区和台湾地区）控制在 14 亿以内，年均人口出生率不超过 15‰。

11 月 1 日，第五次全国人口普查正式开始入户登记。

12 月 1 日，第二期中国妇女社会地位调查正式开始。

2001 年

3 月 28 日，国家统计局发布 2000 年第五次全国人口普查主要数据公报（第一号）。截至 2000 年底，我国大陆人口总数为 126583 万人，表明我国已成功实现到 20 世纪末将人口控制在 13 亿以内的目标。

4 月 28 日，第九届全国人民代表大会常委会第二十一次会议高票通过关于修改《婚姻法》的决定。

6 月 13 日，国务院总理朱镕基签署国务院第 309 号令，公布《计划生育技术服务管理条例》，自 2001 年 10 月 1 日起施行。

6 月 20 日，国务院总理朱镕基签署国务院第 308 号令，公布《中华人民共和国母婴保健法实施办法》，自公布之日起施行。

12 月 29 日，第九届全国人民代表大会常务委员会第二十五次会议审议通过《中华人民共和国人口与计划生育法》，自 2002 年 9 月 1 日起施行。要求各地根据该法制定"双独二胎"政策，陆续在全国推开。

2002 年

1 月 10 日，中共中央、国务院《关于做好 2002 年农业和农村工作的意见》，首次提出了针对农民进城务工的"公平对待，合理引导，完善管理，搞好服务"十六字方针。

8 月 2 日，国务院总理朱镕基签署国务院第 357 号令，公布《社会抚养费征收管理办法》，自 2002 年 9 月 1 日起施行。

2003 年

1 月 16 日，国务院办公厅转发卫生部、财政部、农业部《关于建立新型农村合作医疗制度意见》，标志着新型农村合作医疗制度开始实施，并确立了到 2010 年，实现在全国建立基本覆盖农村居民的新型农村合作医疗制度的目标。

4 月 27 日，国务院总理温家宝签署国务院第 375 号令，公布《工伤保险条例》，自 2004 年 1 月 1 日起施行。

5 月 9 日，国务院总理温家宝签署国务院第 376 号令，公布实施《中华人民共和国突发公共卫生事件应急条例》。

6 月 28 日，第十届全国人大常委会第三次会议通过《中华人民共和国居民身份证法》，自 2004 年 1 月 1 日起施行。

9 月 13 日，教育部等六部委联合印发《关于进一步做好进城务工就业农民子女义务教育工作意见的通知》，提出"以流入地政府为主，以全日制公办中小学为主"的原则解决流动儿童接受义务教育问题。

10 月 1 日，新《婚姻登记条例》开始实施。1994 年 1 月 12 日国务院批准、1994 年 2 月 1 日民政部发布的《婚姻登记管理条例》同时废止。

12 月 11 日，《流动人口计划生育管理和服务工作若干规定》出台，该规定将于 2004 年 1 月 1 日起施行。

12 月 30 日，中华人民共和国劳动和社会保障部第七次部务会议通过《最低工资规定》，自 2004 年 3 月 1 日起施行。

2004 年

2 月 8 日，中共中央、国务院下发《关于促进农民增加收入若干政策意见》，阐述了政府在新形势下解决"三农"问题的战略规划。

3 月 23 日，中国首例自然囊胚试管婴儿在石家庄白求恩国际和平医院培育成功。

5 月 13 日，国家人口计生委、财政部联合制定并出台《农村部分计划生育家庭奖励扶助制度试点方案（试行）》。

12 月 15 日，卫生部制定并印发《新生儿疾病筛查技术规范》，加大对新生儿疾病筛查的推广力度。

12 月 31 日，第一次全国经济普查正式开始。

2005 年

1 月 6 日，中国第 13 亿个小公民诞生，该小公民为男性，体重 3660 克，身高 52 厘米。

3 月 24 日，国务院总理温家宝签署国务院第 434 号令，公布《疫苗流通和预防接种管理条例》，于 2005 年 6 月 1 日起施行。

8 月 28 日，第十届全国人民代表大会常务委员会第十七次会议通过了《关于修改〈中华人民共和国妇女权益保障法〉的决定》，修改后的《中华人民共和国妇女权益保障法》首次将"男女平等是基本国策"纳入法律，并第一次将"禁止性骚扰"写入法律。

11 月 1 日，2005 年全国 1% 人口抽样调查开始进行。此次人口抽样调查涉及全国 1300 多万人。

2006 年

2 月 9 日，国务院办公厅转发全国老龄委、国家发改委、教育部、民政部等 10 部门《关于加快发展养老服务业的意见》，提出要逐步建立以居家养老为基础、社区养老为依托、机构养老为补充的养老服务体系。

3 月 27 日，国务院印发《关于解决农民工问题的若干意见》，这是我国第一个对进城农民工经济、社会、政治权益保障提出的最完整、内容最翔实的一份政策文件。

4 月 1 日，第二次全国残疾人抽样调查正式开始。本次调查在全国 31 个省、自治区、直辖市抽取 734 个县（市、区），2980 个乡（镇、街道），共 5964 个调查小区，调查了 771797 户、2526145 人，调查的抽样比为 1.93‰。

12 月 17 日，中共中央、国务院发布《关于加强人口和计划生育工作统筹解决人口问题的决定》。这是指导新时期人口和计划生育工作的纲领性文件，标志着中国人口和计划生育工作进入稳定低生育水平、统筹解决人口问题、促进人的全面发展的新阶段。

12 月 31 日，第二次全国农业普查正式启动。

2007 年

1 月 3 日，国家人口发展研究战略课题组发布《国家人口发展战略研究报告》，从科学发展观、人口发展态势、人口与经济社会资源环境重大关系等方面对相关人口问题进行了深入研究论证。

2 月 25 日，国务院正式公布《残疾人就业条例》。该条例经 2 月 14 日国务院第一百六十九次常务会议通过，自 5 月 1 日起开始施行。

6 月 1 日，《中华人民共和国未成年人保护法（2006 年修订）》开始正式实施。

7 月 11 日，国务院印发《关于在全国建立农村最低生活保障制度的通知》，规定保障对象是家庭年人均纯收入低于当地最低生活保障标准的农村居民，主要是因病残、年老体弱、丧失劳动能力以及生存条件恶劣等原因造成生活常年困难的农村居民。

2008 年

1 月 1 日，《中华人民共和国劳动合同法》和《中华人民共和国就业促进法》自今日起开始实施。

1 月 29 日，全国老龄办等 10 部委联合发布《关于全面推进居家养老服务工作的意见》。意见根据城市和农村的不同情况，明确提出了"十一五"期间城乡居家养老服务工作的目标任务。

5 月 1 日，《中华人民共和国劳动争议调解仲裁法》于今日起开始施行。

7 月 10 日，经国务院批准，国家计划生育委员会更名为国家人口和计划生育委员会。

9 月 18 日，国务院总理温家宝签署国务院第 535 号令，公布《中华人民共和国劳动合同法实施条例》，自公布之日起施行。

2009 年

2 月 16 日，中华人民共和国卫生部令第 64 号发布《新生儿疾病筛查管理办法》，自 2009 年 6 月 1 日起施行。

9 月 4 日，国务院发布《关于开展新型农村社会养老保险试点的指导意见》，这标志着我国农民 60 岁以后能享受到国家普惠式的养老金。

10 月 1 日，《流动人口计划生育工作条例》正式施行，规定流动人口的计划生育工作以现居住地人民政府为主，流动人口在现居住地可享受相关计划生育服务和奖励、优待。

12 月 29 日，人力资源和社会保障部、财政部正式发布《城镇企业职工基本养老保险关系转移接续暂行办法》，自 2010 年 1 月 1 日起，国家再次提高企业退休人员基本养老金，实施全国统一的城镇企业职工基本养老关系转移接续制度。

2010 年

2 月 26 日，全国妇联、教育部、中央文明办等七部门联合向全社会发布《全国家庭教育指导大纲》。这是新婚夫妇、孕妇、18 岁以下儿童的家长或监护人进行家庭教育的重要参考书。

9 月 10 日，国务院发布《中国的人力资源状况》白皮书。这是新中国成立以来中国政府第一本专门阐述人力资源状况和政策的白皮书。

11 月 1 日，2010 年 11 月 1 日零时，中国第六次全国人口普查开始。凡是这个时点居住在中国境内的人，都是人口普查对象。

12 月 1 日，第三期中国妇女地位调查在全国范围内启动实施。

2011 年

3 月 16 日，《中华人民共和国国民经济和社会发展第十二个五年规划纲要》发布，确定"人均预期寿命提高 1 岁"为规划的重要目标。人均预期寿命作为我国经济社会发展的主要指标首次纳入五年规划，体现了我国发展理念的重大变化。

7 月 1 日，《中华人民共和国社会保险法》正式施行。建立了基本养老保险、基本医疗保险、工伤保险、失业保险、生育保险等社会保险制度，保障公民在年老、疾病、工伤、失业、生育等情况下依法从国家和社会获得物质帮助的权利。

9 月 24 日，中国科学家屠呦呦获 2011 年拉斯克临床医学奖，以表彰屠呦呦和她的科研团队成功从青蒿中提取出具有明显抗疟效果的青蒿素。这一成果为青蒿素系列产品研发奠定了基础，挽救了全球数百万疟疾病人的生命。

2012 年

2 月 13 日，国务院印发《国家药品安全"十二五"规划》，这是我国第一个关于药品安全的独立规划。规划要求，制定实施执业药师业务规范，严格执业药师准入，特别要加大执业药师配备使用力度。

4 月 28 日，国务院第二百次常务会议通过了《女职工劳动保护特别规定》和《女职工禁忌从事的劳动范围》，明确规定了女职工在"四期"期间禁忌从事的劳动强度，以及企业的相关责任，为保护女职工免受职业危害提供了强有力的支撑。

8 月 30 日，国家发展改革委、卫生部、财政部等相关部门正式公布《关于开展城乡居民大病保险工作的指导意见》。意见指出，大病保险主要在参保（合）人患大病发生高额医疗费用的情况下，对城镇居民医保、新农合补偿后需个人负担的合规医疗费用给予保障，要合理确定大病保险补偿政策，实际支付比例不低于 50%。

2013 年

3 月 17 日，国家卫生部摘牌，国家卫生和计划生育委员会正式挂牌。

5 月 1 日，中国第一部精神卫生法——《中华人民共和国精神卫生法》正式实施。该法是一部规范精神障碍患者治疗、保障精神障碍患者权益和促进精神障碍患者康复的法律。

7月1日，新修改的《老年人权益保障法》正式施行。

11月15日，党的十八届三中全会审议通过《中共中央关于全面深化改革若干重大问题的决定》，提出"启动实施一方是独生子女的夫妇可生育两个孩子的政策"。

2014年

2月24日，人力资源和社会保障部、财政部联合印发《城乡养老保险制度衔接暂行办法》，明确规定了我国职工养老保险、新农保和城镇居民养老保险之间的衔接转换方法，以有效解决城镇化进程中流动人口养老保险的累计性和延续性问题。

5月5日，国家卫生计生委印发了《人口健康信息管理办法（试行）》，进一步加强人口健康信息采集、管理、利用、安全和隐私保护等工作。

6月10日，教育部、民政部等九部门联合印发《关于加快推进养老服务业人才培养的意见》，进一步明确了关于加快推进养老服务业人才培养的总体思路、工作目标、任务措施和组织保障。意见指出，力求到2020年基本建立以职业教育主体，应用型本科和研究生教育层次相互衔接，学历教育和职业培训并重的养老服务人才培养培训体系，培养一支数量充足、结构合理、质量较好的养老服务人才队伍，适应和满足我国养老服务业发展需求。

9月24日，《家庭寄养管理办法》经民政部部务会议通过，2014年9月24日中华人民共和国民政部第54号令公布。该办法分总则、家庭寄养管理办法、寄养关系的确立、寄养关系的解除、监督管理、法律责任、附则7章37条，自2014年12月1日起施行。

11月18日，人社部、财政部、国家卫生计生委联合印发了《关于进一步做好基本医疗保险异地就医医疗费用结算工作的指导意见》。意见明确，2016年将全面实现跨省异地安置退休人员住院医疗费用直接结算。

12月31日，第二次全国经济普查正式启动实施。

2015年

3月5日，李克强总理在政府工作报告中强调，健康是群众的基本需求，要不断提高医疗卫生水平，打造健康中国，这是从国家层面首次提出健康中国概念。

8月2日，国务院办公厅印发《关于全面实施城乡居民大病保险的意见》。意见提出，2015年底前，大病保险覆盖所有城乡居民基本医保参保人群，大病患者看病就医负担有效减轻；到2017年，建立起比较完善的大病保险制度，与医疗救助等制度紧密衔接，共同发挥托底保障功能，有效防止发生家庭灾难性医疗支出，城乡居民医疗保障的公平性得到显著提升。

10月29日，党的十八届五中全会公报提出：促进人口均衡发展，坚持计划生育的基本国策，完善人口发展战略，全面实施一对夫妇可生育两个孩子政策，积极开展应对人口老龄化行动。这意味着中国实施35年的独生子女政策正式宣告终结。

11月26日，国务院第一百零九次常务会议通过《居住证暂行条例》，现予公布，自2016年1月1日起施行。

12月27日，第十二届全国人民代表大会常务委员会第十八次会议通过《中华人民共和国反家庭暴力法》，自2016年3月1日起施行。

第十二届全国人民代表大会常务委员会第十八次会议通过《关于修改〈中华人民共和国人口与计划生育法〉的决定》，自2016年1月1日起施行。

12月31日，国务院办公厅印发《关于解决无户口人员登记户口问题的意见》，明确提出：禁止设立不符合户口登记规定的任何前置条件，全面解决无户口人员的户口登记问题。

2016年

1月3日，国务院印发《关于整合城乡居民基本医疗保险制度的意见》，就整合城乡居民医保制度政策明确提出了"六统一"的要求。

2月3日，国务院第一百二十二次常务会议通过《全国社会保障基金条例》，自2016年5月1日起施行。

2月4日，国务院印发《关于加强农村留守儿童关爱保护工作的意见》。意见提出，加强农村留守儿童关爱保护工作，维护未成年人合法权益，是各级政府的重要职责，也是家庭和全社会的共同责任。

10 月 25 日，中共中央、国务院发布《"健康中国 2030"规划纲要》。纲要围绕总体健康水平、健康影响因素、健康服务与健康保障、健康产业、促进健康的制度体系等方面设置了若干量化指标，提出了健康中国"三步走"的目标，即"2020 年，主要健康指标居于中高收入国家前列""2030 年，主要健康指标进入高收入国家行列"的战略目标，并展望 2050 年，提出"建成与社会主义现代化国家相适应的健康国家"的长远目标。

12 月 24 日，第十二届全国人大常委会第二十五次会议表决通过《中华人民共和国中医药法》，于 2017 年 7 月 1 日起施行。

12 月 31 日，第三次全国农业普查正式启动。

2017 年

2 月 1 日，国务院总理李克强签署国务院第 674 号令，公布修订后的《残疾人教育条例》，自 2017 年 5 月 1 日起施行。

2 月 7 日，国务院总理李克强签署国务院第 674 号令，公布《残疾预防和残疾人康复条例》，自 2017 年 7 月 1 日起施行。这是首次从立法层面对残疾预防和残疾人康复工作作出了系统性规范，特别突出了对重度残疾人、贫困残疾人和残疾儿童的保障。

6 月 6 日，国务院办公厅印发《关于制定和实施老年人照顾服务项目的意见》，明确提出 20 项老年人照顾服务的重点任务，涵盖了老年人医、食、住、用、行、娱等民生的各个方面。

7 月 1 日，全国生育状况抽样调查正式启动。这是自 2006 年之后时隔 11 年全国开展的生育方面综合调查。调查内容包括生育意愿、生育行为、生育养育服务和影响生育状况的主要因素等，在全国 31 个省（区、市）和新疆建设兵团的 2737 个县（市、区）的 12500 个样本点开展调查。

8 月 24 日，民政部和国家标准委联合印发《养老服务标准体系建设指南》，从老年人自理能力、养老服务形式、服务、管理等四个维度，确定养老服务标准体系因素，并制成养老服务标准体系构成因素图，推进养老服务质量的提升。

10 月 10 日，全国农村留守儿童信息管理系统正式启用。

11 月 3 日，国务院批复，同意自 2018 年起，将每年 8 月 19 日设立为"中国医师节"。

12月18日，人力资源和社会保障部与财政部联合印发《企业年金办法》，这是贯彻落实全面建成多层次社会保障体系要求的具体举措。办法规定，国家鼓励企业建立企业年金，企业年金所需费用由企业和职工个人共同缴纳，企业缴费每年不超过本企业职工工资总额的8%，企业和职工个人缴费合计不超过本企业职工工资总额的12%。

2018年

3月13日，根据第十三届全国人民代表大会第一次会议批准的国务院机构改革方案，将国家卫生和计划生育委员会的职责整合，组建中华人民共和国国家卫生健康委员会。

6月29日，国务院总理李克强签署国务院第700号令，公布《人力资源市场暂行条例》，自2018年10月1日起施行。

7月31日，国务院总理李克强签署国务院第701号令，公布《医疗纠纷预防和处理条例》，自2018年10月1日起施行。

8月17日，国家卫生健康委员会、国家中医药管理局联合印发《互联网诊疗管理办法（试行）》《互联网医院管理办法（试行）》《远程医疗服务管理规范（试行）》，自发布之日起施行。这是在国家层面首次明确互联网医院的基本标准。

12月18日，国务院总理李克强签署国务院第707号令，公布《中华人民共和国个人所得税法实施条例》，自2019年1月1日起施行。条例首次增加了子女教育、继续教育、大病医疗、住房贷款利息或者住房租金、赡养老人等六项专项附加扣除。

2019年

4月17日，国务院办公厅印发《关于促进3岁以下婴幼儿照护服务发展的指导意见》，要求建立完善促进婴幼儿照护服务发展的政策法规体系、标准规范体系和服务供给体系，逐步满足人民群众对婴幼儿照护服务的需求，促进婴幼儿健康成长、广大家庭和谐幸福、经济社会持续发展。

7月15日，国务院印发《国务院关于实施健康中国行动的意见》、《健康中国行动（2019—2030年）》，围绕疾病预防和健康促进两大核心，提出将开展健康知识普及行动、合理膳食行动、全民健身行动、控烟行动、心理健康促进行动、健康环境促进行动、妇幼健康促进行动、中小学健康促进行动、职业健康保护行动、老年健康促进行动、心脑血管疾病防治行动、癌症防治行动、慢性呼吸系统疾病防治行动、糖尿病防治行动、传染病及地方病防控行动等15个重大专项行动。

9月17日，第十三届全国人民代表大会常务委员会第十三次会议表决通过《关于授予国家勋章和国家荣誉称号的决定》，授予于敏、申纪兰、孙家栋、李延年、张富清、袁隆平、黄旭华、屠呦呦等42人国家勋章、国家荣誉称号。

参 考 文 献

[1] 别朝霞、刘行：《劳动力转移对中国全要素生产率的影响——基于 2000—2014 年省级面板数据的实证分析》，载于《北京邮电大学学报（社会科学版）》2017 年第 6 期。

[2] 蔡昉：《人口转变、人口红利与经济增长可持续性——兼论充分就业如何促进经济增长》，载于《中国金融论坛》2004 年第 2 期。

[3] 蔡昉：《人口转变、人口红利与刘易斯转折点》，载于《经济研究》2010 年第 4 期。

[4] 蔡昉：《中国经济改革效应分析——劳动力重新配置的视角》，载于《经济研究》2017 年第 7 期。

[5] 蔡昉、王德文：《中国经济增长可持续性与劳动贡献》，载于《经济研究》1999 年第 10 期。

[6] 蔡昉、王美艳：《"未富先老"与劳动力短缺》，载于《开放导报》2006 年第 2 期。

[7] 曹前发：《建国后毛泽东人口思想论述》，中国共产党新闻网，2009 年 11 月 9 日，http：/dangshi. people. com. cn/GB/144956/10343658. html。

[8] 陈功、王瑜、武继磊、程云飞：《京津冀"新首都圈"人口调控战略方向和路径选择》，载于《光明日报》2015 年 3 月 25 日。

[9] 陈佳鹏、黄匡时：《特大城市的人口调控：东京经验及其启发》，载于《中国人口·资源与环境》2014 年第 8 期。

[10] 陈卫：《发展—计划生育—生育率的动态关系：中国省级数据再考察》，载于《人口研究》2005 年第 1 期。

[11] 丁睿、顾朝林、庞海峰、李震：《2020 年中国城市等级规模结构预测》，载于《经济地理（增刊）》2006 年。

[12] 都阳：《劳动力市场变化与经济增长新源泉》，载于《开放导报》

2014 年第 3 期。

〔13〕都阳:《人口转变的经济效应及其对中国经济增长持续性的影响》,载于《中国人口科学》2004 年第 5 期。

〔14〕杜鹏:《欧盟的老龄问题与老龄政策》,中国人口出版社 2000 年版。

〔15〕段成荣:《从无序到有序:北京市人口规模调控的思考》,载于《人口研究》2011 年第 1 期。

〔16〕高盛:《中国是否会未富先老》,载于《市场与人口分析》2000 年第 2 期。

〔17〕顾超林、胡秀红:《中国城市体系现状特征》,载于《经济地理》1998 年第 1 期。

〔18〕国家人口和计划生育委员会:《中国流动人口发展报告 2010》,中国人口出版社 2010 年版。

〔19〕国家人口和计划生育委员会:《中国流动人口发展报告 2012》,中国人口出版社 2012 年版。

〔20〕国家统计局:《2014 年、2017 年、2018 年国民经济和社会发展统计公报》。

〔21〕国家统计局:《改革开放 40 年经济社会发展成就报告》2018 年。

〔22〕国家卫健委:《中国流动人口发展报告 2018》,中国人口出版社 2018 年版。

〔23〕国家卫生和计划生育委员会:《中国家庭发展报告 2014》,中国人口出版社 2014 年版。

〔24〕国家卫生和计生委:《中国流动人口发展报告 2013》,中国人口出版社 2013 年版。

〔25〕国家卫生和健康委员会:《中国流动人口发展报告 2017》,中国人口出版社 2017 年版。

〔26〕国家卫生和健康委员会:《中国流动人口发展报告 2018》,中国人口出版社 2018 年版。

〔27〕国家卫生计生委家庭司:《中国家庭发展报告 2014》,中国人口出版社 2014 年版。

〔28〕国家卫生计生委家庭司:《中国家庭发展报告 2016》,中国人口出

版社 2016 年版。

［29］国务院：《国务院关于进一步推进户籍制度改革的意见》，中国政府网，http：//www. gov. cn/zhengce/content/2014－07/30/content_8944. htm。

［30］郝大明：《1978—2014 年中国劳动配置效应的分离与实证》，载于《经济研究》2015 年第 7 期。

［31］贺丹、张许颖、庄亚儿、王志理、杨胜惠：《2006～2016 年中国生育状况报告——基于 2017 年全国生育状况抽样调查数据分析》，载于《人口研究》2018 年第 6 期。

［32］贺京同、何蕾：《要素配置、生产率与经济增长——基于全行业视角的实证研究》，载于《产业经济研究》2016 年第 3 期。

［33］胡英：《中国分城镇乡村人口平均预期寿命探析》，载于《人口与发展》2010 年第 2 期。

［34］胡永远：《人力资本与经济增长：一个实证分析》，载于《经济科学》2003 年第 1 期。

［35］黄光宇《生态城市研究回顾与展望》，载于《城市发展研究》2004 年第 6 期。

［36］黄荣清：《中国各民族文盲人口和文盲率的变动》，载于《中国人口科学》2009 年第 4 期。

［37］江立华：《改革开放四十年来的人口流动与农业转移人口市民化》，载于《社会发展研究》2018 年第 2 期。

［38］姜向群、丁志宏：《对中国当前人口老龄化问题研究的概念和理论探析》，载于《人口学刊》2004 年第 5 期。

［39］赖明勇、张新、彭水军、包群：《经济增长的源泉：人力资本、研究开发与技术外溢》，载于《中国社会科学》2005 年第 2 期。

［40］李超、张红宇、卢健、覃飙：《北京市人口调控与产业结构优化的互动关系》，载于《城市问题》2013 年第 8 期。

［41］李建新：《国际比较中的中国人口老龄化变动特征分析》，载于《学海》2005 年第 6 期。

［42］李建新、涂肇庆：《滞后与压缩：中国人口生育转变的特征》，载于《人口研究》2005 年第 3 期。

[43] 李永胜：《人口老龄化的衡定模式与方法研究》，载于《南方人口》2000 年第 3 期。

[44] 李玉江：《我国城市体系建立的框架构想》，载于《经济地理》1997 年第 2 期。

[45] 刘波：《伦敦城市人口调控的经验及启示》，载于《理论学习》2012 年第 5 期。

[46] 刘祥、王茂军、蔡嘉斌、贺梦晨：《2000—2010 年北京都市区外来人口的空间结构研究》，载于《城市发展研究》2013 年第 10 期。

[47] 刘晓光、苟琴：《劳动力转移、技术进步与资本回报率变动》，载于《产业经济研究》2017 年第 2 期。

[48] 陆杰华、李月：《特大城市人口规模调控的理论与实践探讨——以北京为例》，载于《上海行政学院学报》2014 年第 1 期。

[49] 路遇、翟振武主编：《新中国人口六十年》，中国人口出版社 2009 年版。

[50] 麦迪森：《世界经济二百年回顾，经济合作与发展组织发展中心》，改革出版社 1997 年版。

[51] 苗瑞凤、邬沧萍：《中国的人口老龄化程度到底有多严重?》，载于《西北人口》2004 年第 5 期。

[52] 潘鸿雁：《从上海市人口调控新政策看社会治理趋向》，载于《上海行政学院学报》2015 年第 3 期。

[53] 彭华：《马寅初的最后 33 年》，中国文史出版社 2005 年版。

[54] 彭佩云主编：《千秋大业（画册）》，中国人口出版社 1998 年版。

[55] 彭佩云主编：《中国计划生育全书》，中国人口出版社 1997 年版。

[56] 沈安安、戚祈菊、孙加琪：《从上海千分之一人口生育率抽样调查中看到的几个问题》，载于《人口研究》1984 年第 2 期。

[57] 宋光辉：《我国人口与经济增长长期稳定关系的实证分析（1953—2000)》，载于《西北人口》2004 年第 3 期。

[58] 孙敬水、董亚娟：《人力资本、物质资本与经济增长——基于中国数据的经验研究》，载于《山西财经大学学报》2007 年第 4 期。

[59] 童玉芬：《中国农村劳动力非农化转移规模估算及其变动过程分

析》，载于《人口研究》2010 年第 5 期。

[60] 王宝文：《中国乡镇企业发展历程及转型研究》，载于《经济视角》2012 年第 2 期。

[61] 王丰、安德鲁·梅森：《中国经济转型过程中的人口因素》，载于《中国人口科学》2006 年第 3 期。

[62] 王桂新、潘泽瀚：《我国流动人口的空间分布及其影响因素——基于第六次人口普查资料的分析》，载于《现代城市研究》2013 年第 3 期。

[63] 王继源、陈璋、胡国良：《京津冀协同发展下北京市人口调控：产业疏解带动人口疏解》，载于《中国人口·资源与环境》2015 年第 10 期。

[64] 王金营：《人力资本与经济增长理论与实证》，中国财政经济出版社 2001 年版。

[65] 王金营、杨磊：《中国人口转变、人口红利与经济增长的实证》，载于《人口学刊》2010 年第 5 期。

[66] 吴帆、李建民：《家庭发展能力建设的政策路径分析》，载于《人口研究》2012 年第 4 期。

[67] 吴跃农：《邵力子与马寅初的"新人口论"》，载于《文史春秋》2004 年第 5 期。

[68] 西蒙·库兹涅茨：《各国的经济增长——总产值和生产结构》，商务印书馆 1985 年版。

[69] 杨传开、宁越敏：《中国省际人口迁移格局演变及其对城镇化发展的影响》，载于《地理研究》2015 年第 8 期。

[70] 杨建芳、龚六堂、张庆华：《人力资本形成及其对经济增长的影响——一个包含教育和健康投入的内生增长模型及其检验》，载于《管理世界》2006 年第 5 期。

[71] 杨魁孚主编：《中国人口与计划生育大事要览》，中国人口出版社 2001 年版。

[72] 于学军：《中国人口转变与"战略机遇期"》，载于《中国人口科学》2003 年第 1 期。

[73] 余宇莹、余宇新：《中国地级城市规模分布与集聚效应实证研究》，载于《城市问题》2012 年第 7 期。

［74］詹新宇：《市场化、人力资本与经济增长效应——来自中国省际面板数据的证据》，载于《中国软科学》2012 年第 8 期。

［75］张车伟：《人口老龄化的经济学后果及其战略对策》，载于《湖南社会科学》2006 年第 2 期。

［76］张广婷、江静、陈勇：《中国劳动力转移与经济增长的实证研究》，载于《中国工业经济》2010 年第 10 期。

［77］张翼：《中国人口控制政策的历史变化与改革趋势》，载于《广州大学学报（社会科学版）》2006 年第 8 期。

［78］中共中央：《中共中央关于全面深化改革若干重大问题的决定》，人民网，http：//cpc. people. com. cn/n/2013/1115/c64094 – 23559163. html。

［79］《中国共产党第十八届中央委员会第三次全体会议文件汇编》，人民出版社 2013 年版。

［80］中国共产党第十八届中央委员会第五次全体会议公报，新华网，2015 年 10 月 29 日，http：//www. xinhuanet. com//politics/2015 – 10/29/c_1116983078. htm。

［81］中国社会科学院人口研究中心：《中国人口年鉴（1985）》，中国社会科学出版社 1986 年版。

［82］中国现代化战略研究课题组：《中国现代化报告 2006》，北京大学出版社 2006 年版。

［83］周春山、叶昌东：《中国特大城市空间增长特征及其原因分析》，载于《地理学报》2013 年第 6 期。

［84］朱春、吕芹：《我国城市规模等级体系的探讨》，载于《社会科学》2011 年第 3 期。

［85］Acemoglu D. , Johnson S. . Disease and Development：The Effect of Life Expectancy on Economic Growth. *Journal of Political Economy*，2007，115：925 – 985.

［86］Benhabib, J. and Spiegel, M. M. . The Role of Human Capital in Economic Development：Evidence from Aggregate cross-Country Data. *Journal of Monetary Economics*，1994，34：143 – 173.

［87］Bloom D. E. , Canning D. and Graham, B. . Longevity and Life-Cycle

Savings. *Scandinavian Journal of Economics*, 2003, 105: 319 – 338.

[88] Bloom, D. E. and Williamson, J. G.. Demographic Transitions and Economic Miracles in Emerging Asia. NBER Working Paper, 1997, 12 (3): 419 – 455.

[89] Bloom, D. E., Canning, D., Fink, G. and Finlay, J. E.. Fertility, Female Labor Force Participation, and the Demographic Dividend. *Journal of Economic Growth*, 2009, 14 (2): 79 – 101.

[90] Cai, Fang and Dewen Wang. China's Demographic Transition: Implications for Growth. in Garnaut and Song (eds). The China Boom and Its Discontents. Canberra: Asia Pacific Press, 2005.

[91] Carter, Colin, Zhong Funing, and Cai Fang. 1996. Chinas Ongoing Reform of Agriculture. San Francisco: 1990 Institute.

[92] Dobkins, L., Ioannides, Y.. Dynamic Evolution of the U. S. City Size Distribution. Discussion Paper Series, Department of Economics, Tufts University, 1998.

[93] Duranton, G.. Urban Evolutions: The Fast, the Slow, and the Still. *The American Economic Review*. 2017 (1): 197 – 221.

[94] Eeckhout, J.. Gibrat's Law for (All) Cities. *The American Economic Review*. 2004 (5): 1429 – 1451.

[95] Fertility Patterns 2015, Date Booklet (ST/ESA/SER. A/370).

[96] Gabaix, X.. Zipf Land for Cities: An Explanation. *The Quarterly Journal of Economics*. 1999 (3): 739 – 767.

[97] Ioannides, Y., Overman, H.. Zipf's Law for Cities: An Empirical Examination. *Regional Science and Urban Economics*. 2003 (2): 127 – 137.

[98] Krugman, P.. Confronting the Mystery of Urban Hierarchy. *Journal of the Japanese and International Economics*. 1996 (23): 399 – 418.

[99] Lee, R. and Mason, A.. Fertility, Human Capital, and Economic Growth over the Demographic Transition. *European Journal of Population*, 2010, 26 (2): 159 – 182.

[100] Lee, R. and Mason, A.. What Is the Demographic Dividend. Fi-

nance and Development, 2006, 43（3）: 16 – 27.

［101］Leibenstain, H. . Economic Backwardness and Economic Growth. New York: Willey, 1957.

［102］Lucas, Jr. R. E. . On the Mechanics of Economic Development. *Journal of Monetary Economics*, 1988, 22: 3 – 42.

［103］Maddison, A. 2001, The World Economy: A Millennial Perspective, OECD, 2001, Paris.

［104］Mason, A. , and Lee R. . Reform and Support Systems for the Elderly in Developing Countries: Capturing the Second Demographic Dividend. Genus, 2004, 62（2）: 11 – 35.

［105］Mills, E. Hamilton, B. 1994. Urban Economics（5th edt）, Haper Collins. NewYork.

［106］Overman, H. , and Ioanides, Y. . Cross-sectional Evolution of the U. S. City Size Distribution. *Journal of Urban Economics*. 2001（3）: 543 – 566.

［107］Parr, J. . A Note on The Size Distribution of Cities Over Time. *Journal of Urban Economics*, 1985（8）: 199 – 212.

［108］Pred, A. . Place as Historically Contingent Process, Structuration and the Time-Geography of Becoming Places. *Annals of the Association of American Geographers*, 1984（2）: 279 – 297.

［109］Romer, P. M. . Increasing Returns and Long-run Growth. *Journal Political Economics*, 1986, 94: 1002 – 1037.

［110］Rosen, M. , and Resnick, M. . The Size Distribution of Cities: An Examination of the Pareto Law and Primacy. *Journal of Urban Economics*, 1998, 8（2）: 165 – 186.

［111］Rozman, G. . East Asian Urbanization in the Nineteenth Century: Comparisons with Europe. In Van Der Woude, A. and Shishido, H. *Urbanization in History*, NewYork: Oxford University Press, 1990.

［112］Singer, H. . The Courbe des Population. A Paraller to Pareto's Law. *The Economic Journal*. 1936（182）: 254 – 263.

［113］Stolnitz, G. J. . Demographic Causes and Economic Consequences of

Population Aging, UN Economic Commission of Europe and UN Population Fund, New York, 1992.

[114] Taylor, J. R.. Rural Employment Trends and the Legacy of Surplus Labor, 1978 – 1989. in Kueh, Y. Y. and Ash, R. F. (eds.). Economic Trends in Chinese Agriculture: The Impact of Post-Mao Reforms, New York: Oxford University Press, 1993, pp. 273 – 310.

[115] UNDP. Global Human Development Indicators, http://hdr. undp. org/en/countries, 2018.

[116] UNDP. Global Multidimensional Poverty Index 2019, http://hdr. undp. org/sites/default/files/mpi_2019_publication. pdf, 2019.

[117] UNDP. Human Development Indices and Indicators. 2018 Statistical update, http://hdr. undp. org/en/2018-update, 2018.

[118] UNESCO. Database: UIS. http://data. uis. unesco. org/.

[119] United Nations, 2019, World Population Prospects: The 2019 Revision, https://population. un. org/wpp/.

[120] United Nations, Department of Economic and Social Affairs, Population Division, 2015. World.

[121] United Nations, The World Urbanization Prospects: The 2018 Revision, 2018, https://population. un. org/wup/Publications/Files/WUP 2018.

[122] Vries, D. J.. *European Urbanization*, 1500 – 1800. Cambridge, Mass: Harvard University Press, 1984.

[123] Wang, Y. and Yao, Y.. Contribution of Human Capital to China's Economic Growth 1952 – 1999: Incorparating Human Capital Accumulation. *China Economic Review*, 2003, 14 (1): 32 – 52.

[124] WHO, 2018. Global Health Observatory Data Repository, http://origin. who. int/gho/en/.

[125] WHO. 2015. Maternal mortality in 1990 – 2015, China, https://www. who. int/gho/maternal_health/countries/chn. pdf?ua = 1.

[126] Wold Bank. Human Capital Index and Components, http://www. worldbank. org/en/data/interactive/2018/10/18/human-capital-index-and-com-

ponents-2018，2018.

［127］World Bank，Database：Health Nutrition and Population Statistics，https：//databank. worldbank. org/source/health-nutrition-and-population-statistics.

［128］World Bank，Databse：Eudcation Statistics，https：//databank. worldbank. org/source/education-statistics-%5e-all-indicators.

［129］World Bank. Invest in People，https：//databank. worldbank. org/data/download/hci/HCI_2pager_CHN. pdf，2018.

［130］World Bank. The Changing Wealth of Nations 2018：Building a Sustainable Future. World Bank Group，2018.

［131］World Bank. 2019. Database：Health Nutrition and Population Statistics，http：//databank. worldbank. org/data/source/health-nutrition-and-population-statistics.

［132］World Bank. World Development Indicator，https：//databank. worldbank. org/source/world-development-indicators.

［133］Zhang，J.，Cai，Y.. Redefining "Urban"：A New Way to Measure Metropolitan Areas，OECD Publishing. doi：10. 1787/9789264174108-en，2012.

［134］Zipf，G.. Human Behavior and the Principle of Least Effort，Cambridge，MA：Addison-Wesley，1949.